English Diary Drills [Complete Edition]

英語日記ドリル Complete

石原真弓 著

はじめに

私が英語で日記を書き始めたのは1991年のことです。

米国留学したのだから英語で書こうと、自分の英語力も考えずに軽い気持ちで始めた英語日記ですが、

愛用している"5年連用日記帳"も、今では5冊目に入りました。お粗末だった当初の英語も、

日常生活で見聞きした新しい表現を取り入れたり、習った文法を日記で生かしたりするうちに、

少しずつ磨かれていったように思います。

今日では、TwitterやFacebook、ブログといったソーシャルメディアが登場し、

身の回りのことをワンクリックで世界中に発信できる時代になりました。

私自身もTwitterをやっている一人ですが、さまざまな国の人たちからコメントをもらったり、

こちらからも他の人にコメントしたりすることで広がる、新しいコミュニケーションを楽しんでいます。

また、公開することで正しい文法への意識が高まり、

ネイティブスピーカーの生きた英語に触れられる点にも魅力を感じています。

英語日記は、このように世界とつながるための発信力を身に付ける第一歩としても、

英語力をさらに向上させたいという人の日々の練習にも最適のツールであると言えるでしょう。

身の回りのことをインプットしたり、学んだことをアウトプットしながら、表現力、英語力を鍛えていく、

そんな身近な英語日記学習法を生活に取り入れてみてはいかがでしょうか？

一日一行でも構いません。「継続は力なり」です。

気がついたら英語力がアップしていた、という日がくることを信じて、

楽しみながら英語で日記を書いてみませんか？

2011年　石原真弓

CONTENTS

はじめに ……… 003
英語日記 Q&A ……… 006
この本の使い方 ……… 008
日記を書く前に ……… 010
プロフィールを書いてみよう ……… 012

1章　状態

1 「(天気)…だった」 ……… 014
2 「…だと聞いた・だそうだ」 ……… 016
3 「あまりに…だったので～できなかった」 ……… 018
4 「まだ…している」 ……… 020
5 「昔は…だったなぁ」 ……… 022
6 「…してから～(期間)になる」 ……… 024
7 「…する余裕がない」 ……… 026
ライティング力UP講座① ……… 028
コラム「英語圏にはない日記に天気を書く習慣」 ……… 030

2章　行動

8 「…へ行った」 ……… 032
9 「…を食べた」 ……… 034
10 「…をやってみた」 ……… 036
11 「…できなかった」 ……… 038
12 「…し忘れた」 ……… 040
13 「～ぶりに…した」 ……… 042
14 「結局…してしまった」 ……… 044
15 「…せずにはいられなかった」 ……… 046
ライティング力UP講座② ……… 048
コラム「楽しく続ける日記のアイデアいろいろ」 ……… 050

3章　予定、意志、すべきこと

16 「…するつもりだ」 ……… 052
17 「…する予定だ」 ……… 054
18 「…をしようっと・するぞ」 ……… 056
19 「もし～だったら…しよう」 ……… 058
20 「何があっても…するつもりだ」 ……… 060
21 「…することにした」 ……… 062
22 「—は…することになっている」 ……… 064
23 「…しなくてはならない」 ……… 066
24 「…しないといけない」 ……… 068
25 「(絶対に)...したほうがいい」 ……… 070
26 「…したほうがいいかも」 ……… 072
27 「…したほうがいいかなぁ」 ……… 074
28 「…してもいいかな」 ……… 076
29 「…しておけばよかった・すべきだった」 ……… 078
ライティング力UP講座③ ……… 080
コラム「今どきのボキャビル術　①生活編」 ……… 082

4章 感想、印象

- 30 「(感想・印象)…だった」 …… 084
- 31 「…と思った」 …… 086
- 32 「なんて…だろう！、すごく…だ！」 …… 088
- 33 「…してうれしかった」 …… 090
- 34 「…に驚いた・して驚いた」 …… 092
- 35 「…にがっかりした・してがっかりした」 …… 094
- 36 「まるで…のようだった」 …… 096
- 37 「―は思ったより…だった」 …… 098
- 38 「―は思ったほど…ではなかった」 …… 100
- ライティング力UP講座④ …… 102
- コラム「今どきのボキャビル術　②インターネット編」… 104

5章 気持ち

- 39 「…でよかった (と思う)・うれしい」 …… 106
- 40 「…が楽しみだ」 …… 108
- 41 「…が待ち遠しい、早く…したい」 …… 110
- 42 「…(するの)が楽しみだ」 …… 112
- 43 「…が心配だ・ではないかと心配だ」 …… 114
- 44 「…したいなぁ」 …… 116
- 45 「…できるようになりたい」 …… 118
- 46 「～に…してほしい」 …… 120
- 47 「…だといいなぁ」 …… 122
- 48 「…なら (いいのに) なぁ」 …… 124
- 49 「…が嫌いだ」 …… 126
- 50 「…して後悔している・悪かったと思う」 …… 128
- 51 「…したい気がする・したい気分だ」 …… 130
- 52 「…な気がする」 …… 132
- ライティング力UP講座⑤ …… 134
- コラム「感情豊かに英語日記を演出しよう！」 …… 136

6章 考え

- 53 「…しようかと考えている」 …… 138
- 54 「…だと思う・だろうな」 …… 140
- 55 「…に違いない」 …… 142
- 56 「きっと…だろう」 …… 144
- 57 「きっと…だったのだろう」 …… 146
- 58 「…かなぁ」 …… 148
- 59 「どうして…なんだろう」 …… 150
- 60 「どうして…なのかわからない」 …… 152
- ライティング力UP講座⑥ …… 154
- コラム「空想日記のススメ」 …… 156

英語日記お役立ち　ワード&フレーズ集

- ① 前置詞 …… 158
- ② 時を表す便利な言葉 …… 162
- ③ 特別な日とイベント …… 163
- ④ 家族関係 …… 166
- ⑤ 地域の活動、行事 …… 167
- ⑥ 子どもの行事 …… 168
- ⑦ 家事 …… 169
- ⑧ おけいこ・趣味 …… 170
- ⑨ 仕事関係 …… 172
- ⑩ 感情を表すフレーズ …… 174

日記表現 INDEX …… 178
おわりに …… 191

(本当に英語力が上がる?) (何を書く?)

英語日記 Q&A

「英語日記」にまつわる素朴なギモンに、石原先生が経験からお答えします！

 英語で日記を書けば、本当に英語力がアップしますか？

 はい、本当です。
よく使う表現が自然に身に付き、会話力も上がります。

日記には、他人に見せないという気安さがある反面、正しい英語で書けているのかチェックもされないという不安があるかもしれません。でも、完ぺきな英語でなくても効果はあります。実は、日記を書くという行為そのものが、英語に対する意識を敏感にし、英語をより吸収しやすい状態にしてくれるのです。

私の経験

英語で日記を書き始めた当初は、間違いや幼稚な表現ばかりだったり、日本語が交じったりすることもありました。そのうち、頻繁に使う表現が定着しているのを実感できるようになり、目や耳から入ってくる英語にも自然と注意を払うようになりました。そして気が付くと、過去に書いた英文を自分で添削できるまでに力がついていました。日記には次第にこなれた文が増え、日記に書いた表現を会話でも使うようになりました。

アドバイス

ふと振り返ったとき英語力がアップしている——それが英語日記の効果です。

 いつ、どのくらい書いたらいいですか？

 空いた時間に、1日1行でも OK です。

日記のよい点は、すべてが自由なところ。書く時間や場所、書く長さ、書く内容など、自分の英語レベルや生活スタイルに合わせて、好きなようにすればよいのです。

私の経験

私は寝る前に一日を振り返り、その日の出来事と感想を英語で4〜5行書いています。また、時間に余裕があるときはブロック体で丁寧に書きますが、忙しいときは筆記体で走り書きします。5年分の日記を1冊に書ける「5年連用日記帳」を使っているので、空欄の日があると気になって、自然と毎日書く習慣が付きました。数日分の日記をまとめて書くこともありますが（笑）。

アドバイス

書く時間は、寝る前や家事の合間でもいいですし、会社で昼休みに書くのもいいですね。1日1行でも10行でも、その日の気分で構いません。
一番大切なのは続けることです。あなたに合った、無理のないスタイルで英語日記と付き合いましょう。

Q 英語でどう表現すれば
いいか困ったら？

↓

 A 言いたいことを**短くシンプルな日本語にする**のがコツです。

書きたいことがあっても、英語での表現に行き詰まってしまうという難点が英語日記にはあります。特に、日本語の文をそのまま英語にしようとすると、文法知識や語彙力の壁にぶち当たって挫折しがちです。

私の経験

現状の英語力で何とか表現するために私が使ったのは、「短い日本語で考える」というテクニックです。英語にしにくいことは、「今日は…しました」「それは…でした」と、子どもの頃に書いた絵日記レベルのごくシンプルな日本語に変換すればいいのです。

アドバイス

例えば、「私は彼に手伝ってもらった」と言いたいとき、「…してもらった」で行き詰まる人もいるでしょう。でも「彼が私を手伝った」なら、He helped me. と簡単に言えますね。このように主語を置き換えてみるのも一つの手です。こういったテクニックを具体例を挙げ解説している「ライティング力 UP 講座」(P. 28〜29ほか)も、ぜひ参考にしてみてください。

 Q 書くことがなくて困ったときは？

↓

 A **普段から何げなくしていること**に、目を向けてみましょう。

特別な出来事がなかった日には、日記に書くことがなくて困ることもあるでしょう。でも、身の回りのことを何でもいいから英語で書いてみようという気持ちで取り組んでみると、書く題材はいくらでも見つかりますよ。

私の経験

例えば、その日の起床時間、起きてからしたことだけでも、I got up at 8:30. I had breakfast. Then I cleaned my room.（8時半に起きた。朝食を食べた。それから部屋の掃除をした）と、あっという間に3文は書けます。また、何もせずにダラダラ過ごしてしまった日さえ、It was really hot today. I didn't feel like doing anything. I don't like summer.（今日はとても暑かった。何もする気がしなかった。夏は嫌いだ）と、そのことをありのままに書けば、数センテンスは書けますね。

アドバイス

特別な題材を探す必要はありません。日常の何げない行動や出来事を英語で書いてみましょう。それでも書くことを見つけられないときには、P. 12で作成する「プロフィール」を参考に、自分の好きな物や事について書いてみるのもオススメです。好きな理由、好きになったきっかけなど、筆が進むこと請け合いです。

この本の使い方

英語日記ドリル
この本のメインコンテンツです。出来事のシンプルな描写から感情・思考の表現まで、全60ユニット用意されています。

❶ 構文を確認する
a. ユニットの核となる構文です。
b. 構文の用例のバリエーションが3つ示されています。まず日本語と英文に目を通し、どんなことが表現できるのかを確認しましょう。
c. 構文の意味や使い方が、やさしく丁寧に解説されています。
d. 「入れ替え表現集」は、例文中の下線部との入れ替えが可能です。応用練習してみましょう。

❷「例えばこう書く」を読む
その日の構文を使った日記の例です。
まず日本語を見て、自分ならどう英語で表現するかを考えてから、英文を確認するといいでしょう。

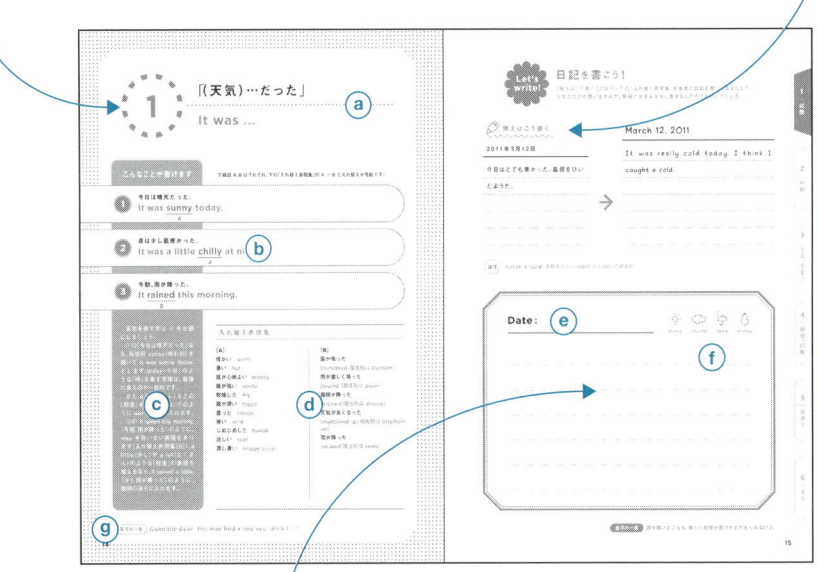

❸ 自分の日記を書く
その日の構文を使って、オリジナルの日記を書いてみましょう。
「入れ替え表現集」や「例えばこう書く」を参考にしたり、自力で調べた英語表現を使ってみるのもいい練習になります。
1文だけでもOKですし、書けるときにはもう少し長めの日記を書くことにも挑戦してみてください。

e. 日付の記入欄です。日付の書き方は P.11で説明しています。
f. その日の天気を○で囲むなど活用してください。
sunny は「晴れた」という意味の形容詞です。
cloudy は「曇った」という意味の形容詞です。
rainy は「雨の」という意味の形容詞です。
snowy は「雪の」という意味の形容詞です。

g. 【真弓の一言】石原先生のお気に入りの一言を集めました。左ページに英文、右ページに和訳が掲載されています。学習の励みにしたり、カードや手紙に添えたりするのもオススメです。

この本は、英語で日記を書いたり、会話に役立つ60の重要構文を、
1ユニットに1つずつ学習していく書き込み式のドリルです。
1日1ユニットを目安に、無理のないペースで英語日記をはじめましょう。

ライティング力UP講座

直訳にとらわれず、「書きたいこと」を英語にするための「発想力」を鍛えるレッスンです。
学習者がつまずきやすいポイントを日記例で確認しながら、英語で書くのが
楽になる表現テクニックを学びます。

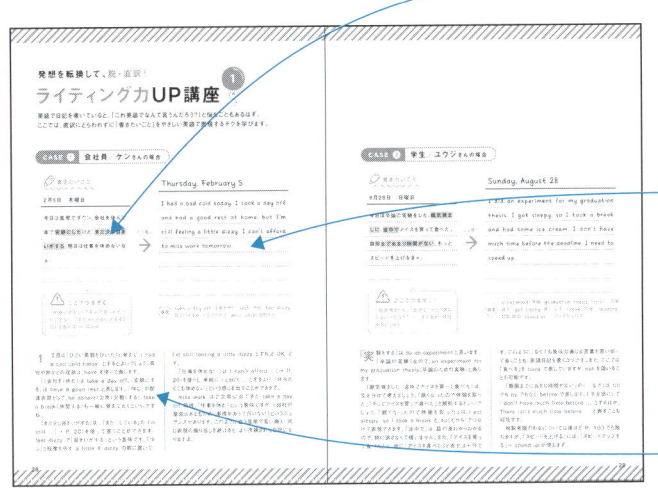

1 課題を確認

まず、「書きたいこと」と「ここでつまずく！」に
目を通します。お手本を見る前に、自分ならどんな
英語にするか、どの部分がネックになりそうか、
などを考えてみると良い練習になります。

2 英語を確認

お手本の英文を見て、どのような英語で
表現されているか確認しましょう。
わからない単語は語注を参考にします。

3 解説を確認

解説を読み、日本語を直訳せずに
「書きたいこと」を表現するための発想の
コツを学び取りましょう。

お役立ちコラム&語彙集

▶ **コラム**
英語日記を楽しく継続するためのアイデアや、日常で実践可能な学習法のアドバイスなどを取り上げた読み物です。

▶ 巻末付録 **英語日記お役立ちワード & フレーズ集**
前置詞の使い方、日本の祝日や行事の表し方、仕事や家事などに関係する表現をまとめた用語集です。
日記だけでなく、英会話でもどんどん使ってみましょう。

▶ 書きたいことが日本語で引ける **表現 INDEX**
本書の構文、「入れ替え表現集」、「例えばこう書く」で紹介した表現、約1100を日本語で引くことができるリスト。
日本語だから、探している表現に素早くアクセスできます。

日記を書く前に

英語で日記を書き始める前に、基本的な英文の組み立て方と
日付の書き方を押さえておきましょう。
あやふやな人は、慣れるまでこのページを参照しながら書いてみてください。

英文の組み立て方

STEP 1 「 誰が ＋ どうした 」

She smiled. → （彼女は微笑んだ）

I studied. → （私は勉強した）

英文を組み立てるときに必要なのは「誰(何)が＋どうした」、つまり「主語(She や I)＋動詞(smile や study)」です。日本語では主語をよく省略しますが、英語では必ず主語を入れます。

STEP 2 「 誰が ＋ どうした ＋ 何を 」

I wrote a letter. → （私は手紙を書いた）

She cooked an omelet. → （彼女はオムレツを作った）

smile や study など「主語＋動詞」だけでも文が完成する動詞もありますが、write や cook のように動作の対象「何を」を必要とする動詞もあります。その場合は、「主語＋動詞」の後ろに「何を」を足しましょう。

STEP 3 「 誰が ＋ どうした ＋ 誰に ＋ 何を 」

I wrote Daniel a letter. → （私はダニエルに手紙を書いた）

She cooked her son an omelet. → （彼女は息子にオムレツを作った）

Step 2 の文に「誰に」を加えたい場合は、動詞の後に入れます。ちなみに、前置詞を使って言うこともできます（それぞれ、I wrote a letter to Daniel.、She cooked an omelet for her son.) ただし、動詞によって用いる前置詞が異なるので、紛らわしい場合は上記の例文のように書くといいでしょう。

日付の書き方

英語と日本語とでは日付の書き方が異なります。この機会に正しい書き方を確認しておきましょう。

年月日の場合

アメリカでは「月、日、コンマ(,)、年」の順に書くのが一般的です。「月」は短縮形（ページ下参照）を用いることもあります。

2011年8月3日 →
August 3, 2011（または **Aug. 3, 2011**）

月日と曜日の場合

「年」を省いて「曜日」を入れる場合は「曜日、コンマ(,)、月、日」の順が一般的です。「月」「曜日」の両方を短縮形（ページ下参照）にすることもあれば、どちらか一方だけを短縮形にすることもあります。

8月15日　月曜日 →
Monday, August 15（または **Mon., Aug. 15** など）

月	1月	January (Jan.)
	2月	February (Feb.)
	3月	March (Mar.)
	4月	April (Apr.)
	5月	May
	6月	June
	7月	July
	8月	August (Aug.)
	9月	September (Sep./ Sept.)
	10月	October (Oct.)
	11月	November (Nov.)
	12月	December (Dec.)

曜日	月曜日	Monday (Mon.)
	火曜日	Tuesday (Tue.)
	水曜日	Wednesday (Wed.)
	木曜日	Thursday (Thu.)
	金曜日	Friday (Fri.)
	土曜日	Saturday (Sat.)
	日曜日	Sunday (Sun.)

【月、曜日】→（　）内は短縮形です。短縮形にはピリオドが必要です。　【月】→ ただし、5〜7月には、短縮形はありません。

プロフィールを書いてみよう

日記のウォーミング・アップです。好きな物事や人物を中心に、あなた自身のプロフィールを作りましょう。石原先生の回答を参考にしてください。英語でどう書けばいいのかわからない項目は、日本語で記入しておいても構いません。日記に書くことが思いつかないときには、この中から題材を見つけて書いてみましょう。

名前 Your Name →

| お手本 | Mayumi Ishihara
石原真弓 |

関心のあること Your interests →

| お手本 | KAATSU training / aromatherapy / sewing / snowman goods
加圧トレーニング、アロマセラピー、裁縫、スノーマンのグッズ |

特技 Things you're good at →

| お手本 | I'm pretty good at driving a stick shift. I'm really good at ironing shirts.
マニュアル車の運転は相当の腕前。シャツのアイロン掛けがすごく得意。 |

プチ自慢 Your little boast(s) →

| お手本 | I can keep a baseball scorebook. My body age is about 12 years younger than my actual age.
野球のスコアブックが付けられる。肉体年齢が実年齢より12歳若い。 |

好きな有名人 Your favorite celeb(s) →

| お手本 | Julia Roberts, Elle Woods (from the movie Legally Blonde)
ジュリア・ロバーツ、エル・ウッズ（映画『リーガリー・ブロンド』の登場人物） |

尊敬する人 Person or people you respect →

| お手本 | my father, Mother Teresa
父、マザー・テレサ |

宝物 Your treasure(s) →

| お手本 | my diaries, my thoughtful friends
日記、思いやりのある友人たち |

自分の好きなところ Things you like about yourself →

| お手本 | being flexible, being positive-minded, being persevering
柔軟、前向き、辛抱強い |

座右の銘 Your favorite motto or mottoes →

| お手本 | Where there's a will, there's a way.
「意志あれば道は開ける」 |

chapter_ 01

状態

物や事、自身の「状態」を「…だった」「…である」と描写してみましょう。
天気の話から聞きかじったニュースやゴシップのことまで
書けるようになる構文を学習します。

1 「(天気)…だった」
It was ...

こんなことが書けます

下線部 A、B はそれぞれ、下の「入れ替え表現集」の A～B と入れ替えが可能です。

1 今日は晴天だった。
It was <u>sunny</u> today.
　　　　A

2 夜は少し肌寒かった。
It was a little <u>chilly</u> at night.
　　　　　　　　A

3 今朝、雨が降った。
It <u>rained</u> this morning.
　　　B

　天気を表す文は it を主語にしましょう。
　①の「今日は晴天だった」なら、形容詞 sunny(晴れの)を用いて It was sunny today. とします。today(今日)のような「時」を表す言葉は、最後に来るのが一般的です。
　また、a little(少し)などの「程度」を表す言葉は、②のように was の後ろに入れます。
　③の It rained this morning. (今朝、雨が降った)のように、was を用いない表現もあります(入れ替え表現集〔B〕)。a little(少し)や a lot(たくさん)のような「程度」の表現を加えるなら、It rained a little. (少し雨が降った)のように、動詞の後ろに入れます。

入れ替え表現集

〔A〕
暖かい　　warm
暑い　　　hot
風が心地よい　breezy
風が強い　windy
乾燥した　dry
霧が深い　foggy
曇った　　cloudy
寒い　　　cold
じめじめした　humid
涼しい　　cool
蒸し暑い　muggy [mʌ́gi]

〔B〕
雷が鳴った
thundered (現在形は thunder)
雨が激しく降った
poured (現在形は pour)
霧雨が降った
drizzled (現在形は drizzle)
天気が良くなった
brightened up (現在形は brighten up)
雪が降った
snowed (現在形は snow)

真弓の一言 Open the door. You may find a new you. (訳は右ページ)

日記を書こう！

「例えばこう書く」と左ページの「入れ替え表現集」を参考に日記を書いてみましょう。
1文だけでも構いませんが、余裕のある人は少し書き足してみてもいいでしょう。

例えばこう書く

2011年3月12日

今日はとても寒かった。風邪をひいたようだ。

→

March 12, 2011

It was really cold today. I think I caught a cold.

語注 catch a cold: 風邪をひく。caught は catch の過去形

Date: _____

sunny　cloudy　rainy　snowy

---

1 状態
2 行動
3 予定、意志…
4 感想、印象
5 気持ち
6 考え

真弓の一言 扉を開けてごらん。新しい自分が見つかるかもしれないよ。

2 「…だと聞いた・だそうだ」
I heard ...

こんなことが書けます　下線部 A、B、C はそれぞれ、下の「入れ替え表現集」の A ～ C と入れ替えが可能です。

 ユキコが妊娠していると聞いた。
I heard Yukiko is pregnant.
　　　　　　A

 マサヤが入院したと聞いた。
I heard Masaya was hospitalized.
　　　　　　B

 パソコンを修理するのに少なくとも1週間はかかるそうだ。
I heard it will take at least one week to fix my computer.
　　　　　　　　　　　　　　　　C

I heard ...（…だと聞いた・だそうだ）は、人から聞いたり、テレビやラジオで耳にしたりしたことなどを述べるときに便利です。

聞いた内容が現在のことなら①のように現在形、過去のことなら②のように過去形の文を ... に入れます。

③の「…するのに～（時間）かかる」は、it takes ＋時間 ＋ to ...（動詞の原形）で表します。

文法的には、heard の時制（過去形）に合わせて、それぞれ Yukiko was ....、Masaya had been ....、it would take ... とするのが正しいですが、口語では heard の時制を意識せず、例文のように表現するのが一般的です。

入れ替え表現集

[A]
その会社は評判がいい　the company has a good reputation
彼女の夫はとてもお金持ちだ　her husband is very rich
彼はルームメイトを探している　he is looking for a roommate
バリはいいリゾート地だ　Bali is a nice resort island

[B]
あのマンションは売れてしまった　that condominium was sold
彼女が宝くじを当てた　she won the lottery
彼らが結婚した　they got married
彼は恋人と別れた　he broke up with his girlfriend

[C]
週末に台風が日本に接近する
the typhoon will approach Japan this weekend
彼女が大学を辞める　she will quit college
若いカップルが隣に引っ越してくる
a young couple will move in next door

真弓の一言　Spring always follows winter.

日記を書こう!

「例えばこう書く」と左ページの「入れ替え表現集」を参考に日記を書いてみましょう。
1文だけでも構いませんが、余裕のある人は少し書き足してみてもいいでしょう。

例えばこう書く

2011年3月6日

若いカップルが隣に引っ越してきたと聞いた。いいご近所さんになるといいなぁ。あいさつしたほうがいいかしら。

→

Mar. 6, 2011

I heard a young couple moved in next door. I hope they'll be nice neighbors. Maybe I should say hello to them.

語注 move in ...: …に引っ越してくる／neighbor: 隣人／Maybe I should ...: …したほうがいいかな(→ P.72)／say hello to ...: …にあいさつする、…によろしく言う

Date: _____

sunny / cloudy / rainy / snowy

真弓の一言 冬が終われば必ず春が来る。

3 「あまりに…だったので〜できなかった」
— was too … to 〜

こんなことが書けます

下線部 A、B、C はそれぞれ、下の「入れ替え表現集」の A 〜 C と入れ替えが可能です。

1 あまりに疲れていたので夕食を作れなかった。
I was <u>too tired to cook dinner</u>.
　　　　　A

2 そのカレーはあまりに辛かったので食べられなかった。
The curry was <u>too spicy to eat</u>.
　　　　　　　　B

3 そのテレビ番組はあまりに怖くて独りでは見られなかった。
The TV program was <u>too scary to watch alone</u>.
　　　　　　　　　　C

「— はあまりに…だったので〜できなかった」は、— was too … to 〜 で表しましょう。主語には I や he、it などの代名詞や人名のほか、②や③のように物や事を表す名詞が来ます。
　was の後には「あまりに…で〜できない」という意味の too …（形容詞）to 〜（動詞の原形）が入ります。
　例えば、「(私は)あまりに疲れていたので夕食を作れなかった」は、主語に I、was の後に too tired to cook dinner（あまりに疲れて夕食を作れない）を入れれば OK。
　この構文は、not を使わずに「できなかった」という否定の意味を表せるのが特徴。覚えておくと便利ですよ。

入れ替え表現集

[A]
満腹過ぎてデザートが食べられない　too full to have dessert
あまりに頭にきて口がきけない　too upset to talk
恥ずかし過ぎて彼に話し掛けられない　too shy to talk to him
あまりにうれしくて眠れない　too excited to sleep

[B]
多過ぎて食べ切れない　too big to finish
あまりにおいしくて忘れられない　too good to forget
手間がかかり過ぎて家庭では作れない　too troublesome to cook at home

[C]
おかし過ぎて笑わずに見ることができない
too hilarious to watch without laughing
長過ぎて最後まで一気に見られない
too long to watch all at once until the end
あまりに暴力的で子どもとは一緒に見られない
too violent to watch with children

真弓の一言 Better late than never.

日記を書こう！

「例えばこう書く」と左ページの「入れ替え表現集」を参考に日記を書いてみましょう。
1文だけでも構いませんが、余裕のある人は少し書き足してみてもいいでしょう。

例えばこう書く

2月27日　日曜日

今日、イシイ先生の講義に行った。
あまりに難しくて理解できなかった。

→

Sunday, Feb. 27

I went to Mr. Ishii's lecture today. It was too hard to understand.

語注 I went to ...: …へ行った（→ P. 32）／lecture: 講義

Date:

☀ sunny　☁ cloudy　☂ rainy　❄ snowy

---

1 状態
2 行動
3 予定、意志…
4 感想、印象
5 気持ち
6 考え

真弓の一言　遅くてもしないよりはまし。

「まだ…している」

こんなことが書けます

下線部 A、B、C はそれぞれ、下の「入れ替え表現集」の A～C と入れ替えが可能です。

1 まだ怒っている。
I'm still <u>mad</u>.
　　　　　A

2 まだクミからのEメールを待っている。
I'm still <u>waiting for an e-mail from Kumi</u>.
　　　　　　　　　B

3 相変わらずスポーツ愛好家だ。
I'm still <u>an athlete</u>.
　　　　　　C

自分が「まだ…している」や「まだ…である」と、ある状態が予想以上に続いていることを表すには、I'm still ... を使います。... には形容詞（[A]）、動詞の -ing 形（[B]）、名詞（[C]）が入ります。
①のように「まだ怒っている」と言いたいなら、... に形容詞の mad（怒っている）を入れます。
②のように、「…を待っている」と言う場合は、動詞 wait for ... を -ing 形で用いて、I'm still waiting for ... としましょう。
③のように ... に an athlete（スポーツ愛好家）などの名詞を入れると、「相変わらず…だ」と言うことができます。

入れ替え表現集

[A]
疲れきっている　exhausted
落ち込んでいる　depressed
熱っぽい　feverish
混乱している　confused
ショックを受けている　shocked
感謝している　grateful
ワクワクしている　thrilled

[B]
そのことを考えている
thinking about it
そのことを後悔している
regretting it
彼のことを応援している
cheering him on

この本を読んでいる
reading this book
風邪に対処している
fighting my cold
せきをしている　coughing
足が痛い
feeling a pain in my feet

[C]
学習者　a learner
初心者　a beginner
彼の友達　his friend
野球ファン　a baseball fan
マドンナの大ファン
a big fan of Madonna
本の虫　a bookworm
大食漢　a big eater

真弓の一言 Whether life is better or bitter, it's totally up to you.

Let's write! 日記を書こう！

「例えばこう書く」と左ページの「入れ替え表現集」を参考に日記を書いてみましょう。
1文だけでも構いませんが、余裕のある人は少し書き足してみてもいいでしょう。

例えばこう書く

5月11日　水曜日

まだ足が痛い。長時間歩くのには向かない靴だったんだと思う。

→

Wednesday, May 11

I'm still feeling a pain in my feet. I guess the shoes weren't right for a long walk.

語注 feel a pain in one's ...: …が痛い／feet: 足。foot の複数形／I guess ...: …だと思う（→ P. 140）

Date:　　sunny　cloudy　rainy　snowy

真弓の一言　人生を楽しくするか苦しくするかは、すべて自分次第。

5 「昔は…だったなぁ」
I used to ...

こんなことが書けます

下線部 A、B はそれぞれ、下の「入れ替え表現集」の A 〜 B と入れ替えが可能です。

1 昔は夜更かしをしたなぁ。
I used to <u>stay up late at night</u>.
　　　　　　　　A

2 昔はジャンクフードなんか食べなかったなぁ。
I never used to <u>eat junk food</u>.
　　　　　　　　A

3 昔は頑固だったなぁ。
I used to be <u>stubborn</u>.
　　　　　　B

過去を振り返り、「昔は…だったなぁ」と言うときは、I used to ... を用います。... には動詞の原形が入ります。
①の「昔は夜更かしをしたなぁ」なら、... に stay up late at night（夜更かしをする）を入れます。
「昔は（絶対に）…なんかしなかったなぁ」は②のように、I never used to ... で表すことができます。junk food とは、脂質や糖質が多く、栄養価の低い食品のことです。
③のように、かつての性格などについて述べる場合は、... に「be ＋性格を表す形容詞（〔B〕）」を続けましょう。

入れ替え表現集

〔A〕
スキーに行く　　go skiing
フライフィッシングに行く
go fly-fishing
書店で働く　　work at a bookstore
大阪に住む　　live in Osaka
乳製品を避ける
avoid dairy [dέəri] products
パーマをかけている
have permed hair
髪を伸ばしている　have long hair
眼鏡を掛けている　wear glasses
ロックを聞く
listen to rock music

〔B〕
エネルギッシュな　energetic
多忙な　　busy
社交的な　sociable
勤勉な　　hardworking
けちな　　stingy
厳格な　　strict
横柄な　　arrogant
時間に正確な　punctual
不精な　　lazy
悲観的な　pessimistic
楽観的な　optimistic
もっとおとなしい　quieter
のんきな　easygoing
融通のきかない　inflexible

真弓の一言 The truly happy person is the one who can enjoy the scenery off the main road.

Let's write! 日記を書こう！

「例えばこう書く」と左ページの「入れ替え表現集」を参考に日記を書いてみましょう。
1文だけでも構いませんが、余裕のある人は少し書き足してみてもいいでしょう。

例えばこう書く

2011年12月30日

部屋の掃除をしたら古い写真が出てきた。昔は毎週末スキーに行ったなぁ。

→

December 30, 2011

I cleaned my room and happened to find some old pictures. I used to go skiing every weekend.

語注 happen to ...（動詞の原形）：偶然…する／find ...：…を見つける／go skiing: スキーに行く

Date:

sunny　cloudy　rainy　snowy

真弓の一言 回り道をしたときにその景色を楽しめる人こそが真の幸せ者。

6 「…してから〜(期間)になる」
It's been 〜 since ...

こんなことが書けます

下線部 A、B はそれぞれ、下の「入れ替え表現集」の A 〜 B と入れ替えが可能です。

1 禁煙してから1週間になる。
It's been <u>a week</u> since <u>I quit smoking</u>.
　　　　　　A　　　　　　　B

2 ここに引っ越してきてから1年になる。
It's been <u>a year</u> since <u>I moved here</u>.
　　　　　　A　　　　　　B

3 ケイコと知り合ってから15年以上になる。
It's been <u>over 15 years</u> since <u>Keiko and I met</u>.
　　　　　　A　　　　　　　　B

「…してから〜(期間)になる」と、ある出来事が起きてから一定の期間がたったことを表すには、It's been 〜 since ... を用います。この It's は It has の短縮形で、since は「…以来」という意味です。It's been 〜 since ... の 〜 には期間を表す語句〔A〕を、... には出来事を表す過去形の文(〔B〕)を入れましょう。
①の「禁煙してから1週間になる」は、〜 に a week(1週間)を、... に I quit smoking(禁煙した)を入れれば OK。
③の「ケイコと(私が)知り合った」は、Keiko and I met と表現します。この meet(過去形は met)は「初めて会う」という意味です。

入れ替え表現集

〔A〕
2日　two days
丸1カ月　a full month
3カ月半　three and a half months
約半年　about half a year
もうすぐ8年　almost eight years
10年　a decade [dékeid]
長い間　a long time
ずいぶん長い時間　quite some time

〔B〕
アメリカから帰国した　I came back from the States
犬が逃げた　my dog ran away
髪を染めた　I dyed my hair
ダイエットを始めた　I went on a diet
運動のためウォーキングを始めた　I started walking for exercise
彼と最後に会った　I last saw him
この部署に異動した　I moved to this department
復職した　I went back to work
失業した　I lost my job
就職した　I started working

真弓の一言　The most important step toward success is to believe you can succeed.

Let's write! 日記を書こう！

「例えばこう書く」と左ページの「入れ替え表現集」を参考に日記を書いてみましょう。
1文だけでも構いませんが、余裕のある人は少し書き足してみてもいいでしょう。

例えばこう書く

8月27日　土曜日

アメリカから帰国してからもうすぐ8年になる。うわーっ、時がたつのは早いなぁ。

→

Saturday, August 27

It's been almost eight years since I came back from the States. Wow, time flies!

語注 the States: アメリカ合衆国、アメリカ／wow: うわーっ／Time flies.: 時がたつのは早い、「光陰矢のごとし」

Date:

sunny　cloudy　rainy　snowy

真弓の一言　成功するために一番大切なのは「自分ならできる」と信じること。

7 「…する余裕がない」
I can't afford ...

こんなことが書けます

下線部 A、B はそれぞれ、下の「入れ替え表現集」の A～B と入れ替えが可能です。

1 休暇を取る余裕がない。
I can't afford <u>a vacation</u>.
　　　　　　　　A

2 新車を買う余裕がない。
I can't afford <u>to buy a new car</u>.
　　　　　　　　　　B

3 今月は外食をする余裕がない。
I can't afford <u>to eat out</u> this month.
　　　　　　　　　B

「…する余裕がない」と言うときは、I can't afford ... と表します。時間的余裕と金銭的余裕のどちらにも使えます。… には名詞（[A]）、または「to＋動詞の原形」（[B]）を入れます。
　①の「休暇を取る余裕がない」なら、… に名詞 a vacation（休暇）を入れます。to take a vacation（休暇を取る）と入れることもできます。
　②と③は、… に「to＋動詞の原形」を入れる例です。②は「新車を買う余裕がない」を、to buy a new car としていますが、この文も、to buy を省略して、I can't afford a new car. のように名詞だけで表すことが可能です。

入れ替え表現集

[A]
新しい靴　　a new pair of shoes
新しいコンピューター
a new computer
新しい電子辞書
a new electronic dictionary
新しい服　any new clothes
5つ星のホテル
a five-star hotel
大きなプラズマテレビ
a big plasma TV
海外旅行　　a trip overseas
洗濯乾燥機　a washer-dryer
飛行機代　　the airfare
休み　　a day off
家賃　　the rent

[B]
理髪店へ行く　to go to a barber
車を修理に出す
to take my car to a mechanic
ジムの会員資格を更新する
to renew my gym membership
旅行をする　to take a trip
飛行機で帰省する
to go home by air
学費を払う
to pay the school fees
ローンを支払う
to make a loan payment
彼に1杯おごる
to buy him a drink
新しい服を探しに行く
to check out new clothes

真弓の一言 Focus on the good things in life, not on the bad.

日記を書こう!

「例えばこう書く」と左ページの「入れ替え表現集」を参考に日記を書いてみましょう。1文だけでも構いませんが、余裕のある人は少し書き足してみてもいいでしょう。

例えばこう書く

6月20日　月曜日

毎日雨が降っている。乾燥機付きの洗濯機が欲しいな。でも、高くてそんな余裕がない。

→

Monday, June 20

It's raining every day. I want a washer-dryer. But it's expensive and I can't afford one.

語注 rain: 雨が降る／washer-dryer: 乾燥機付き洗濯機、洗濯乾燥機／expensive: 高価な

Date:　　　　　　sunny　cloudy　rainy　snowy

真弓の一言　悪いことよりも良いことに気持ちを向けよう。

発想を転換して、脱・直訳！
ライティング力UP講座

英語で日記を書いていると、「これ英語でなんて言うんだろう？」と悩むこともあるはず。ここでは、直訳にとらわれずに「書きたいこと」をやさしい英語で表現するテクを学びます。

CASE 1　会社員／ケンさんの場合

書きたいこと

2月5日　木曜日

今日は風邪でダウン。会社を休んで家で**安静にした**けど、**まだ少し目まいがする**。明日は仕事を休めないなあ。

こう書く

⚠️ ここでつまずく！
「安静にする」ってなんて言ったらいいだろう？　「まだ少し目まいがする」はどう表せばいいのかな…。

Thursday, February 5

I had a bad cold today. I took a day off and had a good rest at home, but I'm still feeling a little dizzy. I can't afford to miss work tomorrow.

語注 take a day off: 仕事を休む／rest: 休息／feel dizzy: 目まいがする、フラフラする／miss work: 欠勤する

---

1 文目は「ひどい風邪をひいた」と考えて、I had a bad cold today. とするとよいでしょう。風邪や熱などの症状は、have を使って表します。

「（会社を）休む」は take a day off、「安静にする」は have a good rest と表します。「休む」の関連表現として、be absent（欠席［欠勤］する）、take a break（休憩する）も一緒に覚えておくといいですね。

「まだ少し目まいがする」は、「まだ…している」の I'm still ...（→ P. 20）を使って書くことができます。feel dizzy で「目まいがする」という意味です。「少し」と程度を示す a little を dizzy の前に置いて、I'm still feeling a little dizzy とすれば OK です。

「仕事を休めない」は I can't afford ...（→ P. 26）を使うと、単純に I can't ... とするより、「休みたくても休めない」という感じを出すことができます。

miss work は 2 文目に出てきた take a day off 同様、「仕事を休む」という意味ですが、「出社の意欲はあるものの、事情があって行けない」というニュアンスがあります。このように違う言葉で言い換え、同じ表現の繰り返しを避けると、より洗練された日記になりますよ。

CASE 2　学生／ユウジさんの場合

　書きたいこと

8月28日　日曜日

今日は卒論の実験をした。眠気覚ましに、途中でアイスを買って食べた。期限まであまり時間がない。もっとスピードを上げなきゃ。

 こう書く →

Sunday, August 28

I did an experiment for my graduation thesis. I got sleepy, so I took a break and had some ice cream. I don't have much time before the deadline. I need to speed up.

⚠️ **ここでつまずく！**
「眠気覚ましに」「途中で」はどう表したらいいだろう？　「…まであまり時間がない」は？

語注　experiment: 実験／graduation thesis [θíːsɪs]：卒業論文／get sleepy: 眠くなる／break: 休憩／deadline: 期限、締切／speed up: スピードを上げる

「**実**験をする」は do an experiment と言います。「卒論の実験」なので、an experiment for my graduation thesis（卒論のための実験）と表します。

「眠気覚ましに、途中でアイスを買って食べた」は、文を分けて考えましょう。「眠くなったので休憩を取った」「そしてアイスを買って食べた」と解釈するといいでしょう。「眠くなったので休憩を取った」は、I got sleepy, so I took a break と、so（だから）でつなげて表現できます。「途中で」は、話の流れからわかるので、特に訳さなくて構いません。また、「アイスを買って食べた」は、単に「アイスを食べた」と表せば十分です。このように、なくても意味の通じる言葉を思い切って省くことも、英語日記を書くコツです。また、ここでは「食べる」を have で表していますが、eat を用いることも可能です。

「期限までにあまり時間がない」の「…まで」は till でも by でもなく、before で表します。I を主語にして I don't have much time before … とするほか、There isn't much time before … と表すことも可能です。

和製英語のわなについては後ほど P.103 でも触れますが、「スピードを上げる」には、「スピードアップする」＝ speed up が使えます。

column

英語圏にはない日記に天気を書く習慣

「日記」といえば、日付と天気から書くものという印象が強いと思いますが、英語圏では天気を書く習慣がありません。たいていの場合、April 7（4月7日）のように日付だけを書くか、Monday, April 7（4月7日　月曜日）のように日付と曜日を書いて日記の本文に入ります。日本で日記に天気を書く習慣があるのは、日本には四季の変化があり、農耕民族の日本人はもともと天気への関心が高かったためとも考えられています。

実際、私が今使っている「5年連用日記帳」にも天気を書く欄があり、私は毎日その欄を埋めています。beautiful（快晴）や cloudy（曇り）、chilly（肌寒い）のように単語を書くこともあれば、13℃のように気温を書くこともあります。また、雨の日は傘の絵を、雪が降った日は雪だるまの絵を描くこともあります。そのときの気分によって書き方は異なりますが、何らかの形で天気を記すようにしています。

日記に天気を記すかどうかは個人の自由でよいと思います。そもそも、日記そのものがプライベートなものなので、自分の好きなように書けばよいでしょう。ただ、天気を毎日書き続けると天気に関する語彙が増えるのは事実です。勉強のうち、と思って書いてみてもいいですね。

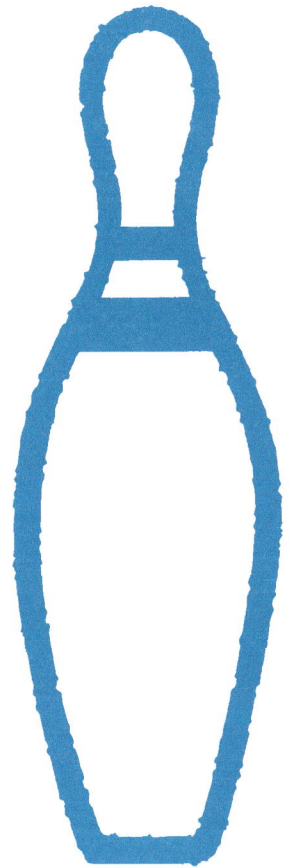

chapter_02

行動

1つでさまざまな「行動」について書くことができる、
オールマイティーな構文を学びます。
「…へ行った」や「…を食べた」など、
日記に欠かせない基本的な表現をしっかり押さえましょう。

8 「…へ行った」
I went to …

こんなことが書けます

下線部 A、B、C はそれぞれ、下の「入れ替え表現集」の A 〜 C と入れ替えが可能です。

1 鎌倉へ行った。
I went to **Kamakura**.
　　　　　　A

2 運動をしにジムへ行った。
I went to **the gym to work out**.
　　　　　　　　　B

3 夕食（を食べ）に祖母の家へ行った。
I went to **my grandmother's house for dinner**.
　　　　　　　　　　　　C

「…へ行った」は、I went to ...（場所）で表します。
②のように、「…をしに」と理由や目的を表す場合は、場所の後に「to + 動詞の原形」を続けます。「運動をしにジムへ行った」なら、I went to the gym の後に to work out を続ければ OK。work out は「運動をする、体を鍛える」という意味です。ジムや図書館など、いつも同じ場所を利用する場合は、「the + 場所」としましょう。
　理由や目的は、③のように、「for + 名詞」で表すこともできます。dinner（夕食）を lunch（昼食）や a memorial service（法事）などと入れ替えることも可能です。

入れ替え表現集

[A]
ニューヨーク　New York
会社　the office
学校　school
銀行　the bank
上野公園　Ueno Park
マクドナルド
McDonald's [məkdánəldz]
冬物セール　a winter sale
映画(館)　the movies

[B]
薬を買いにドラッグストア
a drugstore to buy some medicine
DVD を返却にレンタル店
the DVD rental store to return some DVDs
友達を見舞いに病院
the hospital to visit my friend
バードウォッチングをしに公園へ
the park to watch birds

[C]
食料品の買い出しでスーパー
a supermarket for groceries
定期健診を受けに歯医者
the dentist for my regular checkup
髪を切りに美容院
the hair salon for a haircut
本を借りに市の図書館
the city library for a book
ペンキを買いにホームセンターへ
a do-it-yourself store for some paint

真弓の一言　There is no shortcut to success.（訳は右ページ）

Let's write! 日記を書こう!

「例えばこう書く」と左ページの「入れ替え表現集」を参考に日記を書いてみましょう。
1文だけでも構いませんが、余裕のある人は少し書き足してみてもいいでしょう。

例えばこう書く

3月21日　月曜日

上野公園へ桜を見に行った。とてもきれいだった。

→

Monday, March 21

I went to Ueno Park to see the cherry blossoms. They were very beautiful.

語注　Ueno Park: 上野公園／cherry blossoms: 桜の花

Date:

sunny　cloudy　rainy　snowy

1 状態
2 行動
3 予定、意志…
4 感想、印象
5 気持ち
6 考え

真弓の一言　成功に近道はない。

9 「…を食べた」
I had …

こんなことが書けます

下線部 A、B、C はそれぞれ、下の「入れ替え表現集」の A ～ C と入れ替えが可能です。

1 家族と鍋料理を食べた。
I had *nabe* with my family.
　　　　A

2 昼食にメキシコ料理を食べた。
I had Mexican food for lunch.
　　　　　　B

3 今日は朝食を食べなかった。
I didn't have breakfast today.
　　　　　　　　　C

　食事は、I had … を用います。この had は、eat（…を食べる）の過去形 ate と同じ意味です。飲み物にも I had が使えます。
　①の「鍋料理」は、ローマ字で *nabe* とするか、(a) hot-pot と英訳すれば OK。食事を共にした人のことは、with …（人）を使って表現します。
　②の Mexican food（メキシコ料理）のように、「国名の形容詞＋food」で「○○料理」と表現できます。for lunch の lunch を breakfast や dinner に替えると、「朝食に」「夕食に」と言うことができます。
　朝食などを抜いた場合は、③のように、I didn't have …（…を食べなかった）と否定文で表しましょう。

入れ替え表現集

〔A〕
すき焼き　*sukiyaki*
宅配ピザ　home-delivered pizza
日曜のブランチ　Sunday brunch
誕生日の食事　a birthday dinner
クリスマスディナー　Christmas dinner
フルコースディナー　a full-course dinner

〔B〕
韓国料理　Korean food
スペイン料理　Spanish food
バーベキュー　a barbecue<BBQ>
定食　a meal set
バイキング　a buffet meal
軽めの食事　a light meal

サラダ　salad
スパゲティ　spaghetti
カレー　curry
点心　dim sum
ファストフード　fast food
ポテトチップ１袋　a bag of potato chips

〔C〕
昼食　lunch
夕食　dinner
間食　a snack
デザート　dessert
コーヒー　coffee
お酒　a drink

　真弓の一言　Be proud of yourself.

Let's write! 日記を書こう！

「例えばこう書く」と左ページの「入れ替え表現集」を参考に日記を書いてみましょう。
1文だけでも構いませんが、余裕のある人は少し書き足してみてもいいでしょう。

例えばこう書く

2011年12月26日

朝食にヨーグルトを食べた。健康的だけど、私には物足りなかったな。会社ですごくお腹空いちゃった！

→

December 26, 2011

I had yogurt for breakfast. It was healthy, but it was not enough for me. I was so hungry at work!

語注 for breakfast: 朝食に／yogurt: ヨーグルト／healthy: 健康的な／not enough: 物足りない／hungry: 空腹で／at work: 会社で、職場で

Date: _____

☀ sunny　☁ cloudy　☂ rainy　❄ snowy

真弓の一言 自分自身に誇りを持とう。

10 「…をやってみた」
I tried …

こんなことが書けます

下線部 A、B はそれぞれ、下の「入れ替え表現集」の A〜B と入れ替えが可能です。

1 ゴルフをやってみた。
I tried <u>golf</u>.
　　　　A

2 バンクーバーで乗馬をやってみた。
I tried <u>horseback riding</u> in Vancouver.
　　　　　　A

3 昨日、新しいカフェに行ってみた。
I tried <u>the new cafe</u> yesterday.
　　　　　B

　スポーツなど「…をやってみた」は I tried … で表してみましょう。スポーツの名称は、語尾が -ing 形になっているものが多いですね。「アイススケート」を ice skate などと書かないよう気を付けましょう。
　また、③のように tried の後ろに場所を表す言葉を続けると、「…に行ってみた」という意味になります。Thai food（タイ料理）や a German beer（ドイツビール）のように食べ物や飲み物を表す言葉なら「…を食べてみた・飲んでみた」、a massage chair（マッサージチェア）のように物なら「…を使ってみた」など、いろいろな意味に使えるので、便利ですよ。

入れ替え表現集

〔A〕
アイススケート　ice skating
スキューバダイビング
scuba diving
サイクリング　cycling
スキー　skiing
スノーボード　snowboarding
ジョギング　jogging
エアロビクス　aerobics
ベリーダンス　belly dancing
ヨガ　yoga
釣り　fishing
バンジージャンプ
bungee jumping

〔B〕
新しいプール
the new swimming pool
人気のタイ料理レストラン
the popular Thai restaurant
地中海料理
Mediterranean [mèdətəréiniən]
food
玄米　brown rice
ドイツビール　a German beer
フランスワイン　a French wine
新しい清涼飲料水
a new soft drink
電子辞書
an electronic dictionary
マッサージチェア
a massage chair

真弓の一言 Treasure each encounter.

Let's write! 日記を書こう！

「例えばこう書く」と左ページの「入れ替え表現集」を参考に日記を書いてみましょう。
1文だけでも構いませんが、余裕のある人は少し書き足してみてもいいでしょう。

例えばこう書く

10月25日　火曜日

ヨガをやってみた。体がすごく軽くなった。今夜はよく眠れそうな気がする。

→

Tuesday, Oct. 25

I tried yoga. My body felt really light. I feel I can sleep better tonight.

語注 yoga: ヨガ／my body feels ...: 体が…な感じがする／light: 軽い／sleep better: よく眠れる。sleep well の well を比較級の better にすることで、「いつもよりよく眠れる」というニュアンス

Date：＿＿＿＿＿＿＿＿＿＿

sunny　cloudy　rainy　snowy

真弓の一言 出会いを大切に。

11 「…できなかった」
I couldn't ...

こんなことが書けます
下線部 A、B はそれぞれ、下の「入れ替え表現集」の A～B と入れ替えが可能です。

1 それを時間内に終わらせることができなかった。
I couldn't <u>finish it in time</u>.
　　　　　　A

2 昨夜はよく眠れなかった。
I couldn't <u>sleep very well</u> last night.
　　　　　　A

3 上司に何も言えなかった。
I couldn't <u>say anything</u> to my boss.
　　　　　　B

期待や予定通りにいかなかったことは、I couldn't …（動詞の原形）で表します。couldn't は could not の短縮形で、could は can の過去形です。
　例えば、①の「それを時間内に終わらせることができなかった」なら、… に finish it in time を入れます。in time は「時間内に」という意味です。
　②の last night（昨夜）のように、「時」に関する言葉は、文末に持ってきます。
　③の「上司に何も言えなかった」は、say anything（何か言う）の後に、to my boss（上司に）を続ければ OK です。

入れ替え表現集

〔A〕
小説を読み終える　finish reading the novel
出掛ける　go out
家族と夕食を食べる　eat dinner with my family
大事なサッカーの試合をテレビで見る　watch the big soccer game on TV
犬を散歩に連れていく　take my dog for a walk
ネックレスを見つける　find my necklace
4人用のテーブルを予約する　book a table for four
自分の目を信じる　believe my eyes

〔B〕
Eメールを送る　send an e-mail
謝る　apologize
うまく説明する　explain it well
口答えする　talk back
その出来事をすぐに報告する　report the incident immediately
朗報をもたらす　bring good news

真弓の一言　Successful people never cease to strive.

Let's write! 日記を書こう！

「例えばこう書く」と左ページの「入れ替え表現集」を参考に日記を書いてみましょう。
1文だけでも構いませんが、余裕のある人は少し書き足してみてもいいでしょう。

例えばこう書く

6月8日　水曜日

アキコにシフォンケーキのレシピをもらった。試してみたかったけど、シフォンケーキの型がそろわなかった。今週末、買いに行こうっと。

→

Wednesday, June 8

Akiko gave me her recipe for chiffon cake. I wanted to try it, but I couldn't find a tube cake pan. I'll go buy one this weekend.

語注 recipe: レシピ、作り方／chiffon cake: シフォンケーキ／tube cake pan: シフォンケーキの型／go buy ...: …を買いに行く

Date:　　sunny　cloudy　rainy　snowy

真弓の一言 成功者は決して努力を惜しまない。

12 「…し忘れた」
I forgot to ...

こんなことが書けます

下線部はそれぞれ、下の「入れ替え表現集」の語句と入れ替えが可能です。

1 彼女に電話し忘れた。
I forgot to **call her**.

2 今日、銀行に行き忘れた。
I forgot to **go to the bank** today.

3 また手紙を出し忘れた。
I forgot to **mail the letter** again.

「…し忘れた」は I forgot to …（動詞の原形）で表します。
①のように、「彼女に電話し忘れた」と言いたいなら、… に call her（彼女に電話する）を入れれば OK です。
②のように「今日、銀行に行き忘れた」と言いたいときは、… に go to the bank（銀行に行く）を入れてから、today（今日）を続けましょう。today の代わりに、during the lunch break（昼休みに）や on the way home（帰宅途中に）などを用いると、より具体的に表現できますよ。
③のように、最後に again（再び）を付けると、「あ〜あ、また忘れちゃった」というニュアンスを出すことができます。

入れ替え表現集

目覚まし時計をセットする　set the alarm clock
腕時計を着ける　put my watch on
傘を持っていく　take my umbrella with me
玄関の鍵をかける　lock the front door
ごみを出す　take out the trash
ネコに餌をやる　feed my cat
日焼け止めを塗る　put sunscreen on
フライトの確認をする　confirm my flight
弁当を持っていく　take my lunch
ブログを更新する　update my blog
図書館の本を返却する　return the library books
スーツをクリーニングに出す　take my suit to the dry cleaner's
歯医者の予約を入れる　make a dental appointment
彼女にEメールアドレスを教える　give her my e-mail address
彼にパーティーのことを話す　tell him about the party
食後に薬を飲む　take my medicine after eating

真弓の一言 Life is tough, but I'm tougher.

Let's write! 日記を書こう！

「例えばこう書く」と左ページの「入れ替え表現集」を参考に日記を書いてみましょう。
1文だけでも構いませんが、余裕のある人は少し書き足してみてもいいでしょう。

例えばこう書く

7月12日　火曜日

今日、日焼け止めを塗り忘れたから、日焼けした。しまった！

→

Tuesday, July 12

I forgot to put sunscreen on today, so I got suntanned. Darn!

語注　put ... on: …を塗る／sunscreen: 日焼け止め／so: だから／get suntanned: 日焼けする／Darn!: しまった！

Date: ＿＿＿＿＿＿＿＿＿＿＿＿

sunny　cloudy　rainy　snowy

真弓の一言　人生は厳しいけど、私はへこたれない。

13 「〜ぶりに…した」
… for the first time in 〜

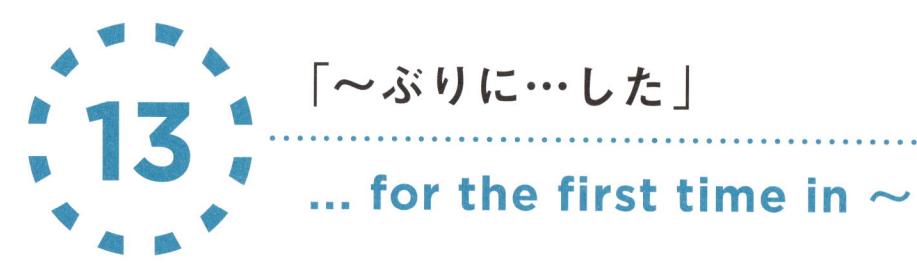

こんなことが書けます　下線部 A, B はそれぞれ、下の「入れ替え表現集」の A 〜 B と入れ替えが可能です。

1 3年ぶりにペギーから連絡をもらった。
<u>I heard from Peggy</u> for the first time in <u>three years</u>.
　　　A　　　　　　　　　　　　　　　　　　　　B

2 私たちは10年以上ぶりに集まった。
<u>We got together</u> for the first time in <u>over 10 years</u>.
　　A　　　　　　　　　　　　　　　　　　B

3 久しぶりに故郷へ帰った。
<u>I went back to my hometown</u> for the first time in <u>ages</u>.
　　　　　A　　　　　　　　　　　　　　　　　　　　　B

「〜ぶりに…した」は「〜の間で初めて…した」と考えてみましょう。これをそのまま訳すと、… for the first time in という簡単な英語で表現できます。… には初めてしたことを過去形の文（[A]）で入れ、〜には期間を表す語句（[B]）を入れます。
　①の「3年ぶりにペギーから連絡をもらった」なら、… に I heard from Peggy（ペギーから連絡をもらった）を入れて、in の後ろに three years（3年）を続けましょう。
　②の「〜以上ぶりに」は、over 〜 と表します。
　また、③のように ages（長い間）を用いれば、「久しぶりに」というニュアンスを表現できますよ。

入れ替え表現集

[A]
海で泳いだ　I swam in the ocean
家族と旅行をした
I traveled with my family
東京ディズニーランドへ行った
I went to Tokyo Disneyland
登山をした　I climbed a mountain
ボウリングへ行った
We went bowling
すしを食べた　I ate *sushi*
映画館で映画を見た
I watched a movie in a theater
夕食に客を招いた
We invited guests for dinner
職場の人たちと飲んだ
I had a drink with people at work

[B]
しばらく　a while
数カ月　months
数年　years
半年　half a year
ほぼ7年　nearly seven years
丸1年　a full year
約5年　about five years
4カ月　four months

真弓の一言 Life without pain has no meaning.

Let's write! 日記を書こう！

「例えばこう書く」と左ページの「入れ替え表現集」を参考に日記を書いてみましょう。
1文だけでも構いませんが、余裕のある人は少し書き足してみてもいいでしょう。

例えばこう書く

1月20日　木曜日

2年ぶりに同僚とボウリングに行った。意外にも、ターキーが出た！やった!!

→

Thursday, Jan. 20

My co-workers and I went bowling for the first time in two years. Surprisingly, I got a turkey! YES!!

語注　co-worker: 同僚／surprisingly: 意外にも／turkey:（ボウリングの）ターキー。3回連続のストライク／Yes!: やった！　ここでは大文字でYES!!と強調している。

Date:

sunny　cloudy　rainy　snowy

真弓の一言　苦労のない人生なんて意味がないよ。

14 「結局…してしまった」
I ended up ...-ing

こんなことが書けます

下線部はそれぞれ、下の「入れ替え表現集」の語句と入れ替えが可能です。

1 結局飲み過ぎてしまった。
I ended up drinking too much.

2 結局深夜過ぎに帰宅してしまった。
I ended up getting back home after midnight.

3 結局そのコートは買わなかった。
I ended up not getting the coat.

意思や予定に反して「結局…してしまった」という場合は、I ended up ...(動詞の -ing 形)で表します。
①の「(あまり飲むつもりではなかったのに)結局飲み過ぎてしまった」なら、動詞 drink を -ing 形にして、drinking too much です。
②の「(早く帰りたかったけれど)結局深夜過ぎに帰宅してしまった」の「帰宅する」は getting back home とします。
「(するつもりだったのに)結局…しなかった」は、③の I ended up not ...(動詞の -ing 形)で表すことができます。「そのコートを買わなかった」は、not getting the coat とすれば OK です。

入れ替え表現集

1日中テレビを見る　watching TV all day
その雑誌を購読する　subscribing to the magazine
食べ過ぎる　eating too much
ピザの宅配を頼む　ordering delivery pizza
高価な指輪を買う　buying an expensive ring
クレジットカードを使う　using a credit card
外出してクラブで踊る　going out and dancing at a club
テニスクラブに入会する　joining the tennis club
徹夜する　staying up all night
タクシーで行く　taking a taxi
クミの家に一晩泊まる　spending a night at Kumi's house
昼まで寝る　sleeping till noon
最後に会社を出る　leaving the office last
残業する　working late
仕事を変える　changing my job
両方の集まりに出席する
attending both gatherings<either gathering (③の場合)>

真弓の一言　Opportunity is out there. Successful people notice it, grab it, and stick with it.

Let's write! 日記を書こう！

「例えばこう書く」と左ページの「入れ替え表現集」を参考に日記を書いてみましょう。
1文だけでも構いませんが、余裕のある人は少し書き足してみてもいいでしょう。

例えばこう書く

4月16日　土曜日

今日は部屋を掃除するつもりだったけれど、結局1日中テレビを見てしまった。明日は必ず掃除しようっと。

→

Saturday, April 16

I was going to clean my room today, but I ended up watching TV all day. I'll clean it tomorrow for sure.

語注　be going to ...（動詞の原形）: …するつもりである（→ P. 52）／clean ...: …を掃除する、きれいにする／all day: 1日中／I'll ...: …をしようっと（→ P. 56）／for sure: 必ず、確実に

Date:　　　　　　　　　　　　　　　sunny　cloudy　rainy　snowy

真弓の一言　チャンスはそこにある。成功する人は、それに気づいて、つかんで離さない。

15 「…せずにはいられなかった」
I couldn't help ...-ing

こんなことが書けます

下線部はそれぞれ、下の「入れ替え表現集」の語句と入れ替えが可能です。

1 笑わずにはいられなかった。
I couldn't help **laughing**.

2 上司の考えに反対せずにはいられなかった。
I couldn't help **objecting to my boss's idea**.

3 そのことを考えずにはいられない。
I can't help **thinking about it**.

「…せずにはいられなかった」は、I couldn't help ...（動詞の -ing 形）で表します。
①の「笑わずにはいられなかった」なら、... に laugh（笑う）の -ing 形を入れて、I couldn't help laughing. とします。
②の「上司の考えに反対せずにはいられなかった」は、objecting to my boss's idea を使って表現しましょう。object to ... は「…に反対する、抗議する」という意味です。
「…せずにはいられない」と、現在のことを言う場合は③のように、couldn't を can't に換えればOKです。

入れ替え表現集

彼女の顔を見る　looking at her face
彼らの会話を立ち聞きする　overhearing their conversation
二度見する　doing a double take
その番組を最後まで見る　watching the show until the end
彼の手紙を何度も読み返す　reading his letter over and over
愚痴を言う　complaining
彼女に同情する　feeling sorry for her
感銘を受ける　feeling impressed
自分に腹が立つ　feeling mad at myself
そのことを後ろめたく感じる　feeling guilty about it
間違いを指摘する　pointing out the mistake
カッとなる　getting upset
興奮する　getting excited
腹の中で笑う　laughing to myself
その様子を思い浮かべる　picturing it
他人におせっかいを焼く　meddling in the affairs of others

真弓の一言 Don't think that there will be a second chance. Give it your all the first time.

Let's write! 日記を書こう！

「例えばこう書く」と左ページの「入れ替え表現集」を参考に日記を書いてみましょう。
1文だけでも構いませんが、余裕のある人は少し書き足してみてもいいでしょう。

例えばこう書く

3月18日　金曜日

次期店長に選ばれた。めちゃくちゃうれしい！　そのことをエリコに話さずにはいられなかった。

→

Friday, March 18

I was chosen to be the next store manager. I'm so excited. I couldn't help telling Eriko about it.

語注　be chosen to be ...: …に選ばれる

Date: _____　　sunny　cloudy　rainy　snowy

真弓の一言　チャンスは2度あると思わないこと。最初に全力を尽くそう。

発想を転換して、脱・直訳！
ライティング力UP講座 ②

一見英語にしにくそうな日本語の文を英訳する第一歩は、日本語を見直すことです。
英文ライティングに役立つ、日本語の解体・再構築のテクニックを学びましょう。

CASE ① 会社員／マミさんの場合

書きたいこと

12月9日　金曜日

今日、同僚をわが家に招待して鍋パーティーをした。みんなで作ったキムチ鍋は最高においしかった。次は豆乳鍋パーティーを計画中。

ここでつまずく！
「みんなで作ったキムチ鍋」はどう表せばいいのかな？

こう書く →

Friday, December 9

I had a *nabe* party with my co-workers at my house. We made a *kimchi-nabe* together. It was really delicious. We're planning to have a *tonyu-nabe* party next time.

語注 co-worker: 同僚／together: 一緒に／delicious: とてもおいしい

1 文目は、「招待して」の部分を省いて、「わが家で同僚と鍋パーティーをした」と文を組み立て直したほうがスッキリしていいですね。同僚はco-workerと言います。一見表現しにくそうな日本語も、大抵は「誰が＋どうした＋(with)誰と＋(at)どこで」というパターンに落とし込むことができます。

　「みんなで作ったキムチ鍋は最高においしかった」の「みんなで作ったキムチ鍋」でつまずきそうですが、こうした長めの言葉は、2つに分けて考えれば大丈夫です。「みんなで一緒にキムチ鍋を作った」「それは最高においしかった」と考え、We made a *kimchi-nabe* together. It was really delicious. のように表現できます。「一緒に」を強調したいときは together を使いましょう。「最高に」は「とてもおいしい」と言えばいいですね。

　「次は豆乳パーティーを計画中」の「計画中」は、「…を計画している」と考えます。 I'm planning to... (→ P. 54) の主語を we に変えて、We are planning to have a *tonyu-nabe* party next time. と表現しましょう。

　「豆乳」は soy milk と言いますが、料理名の英語がわからない場合は、*nabe*、*tonyu-nabe* などローマ字にするだけでも構いません。

CASE 2 主婦／レイコさんの場合

書きたいこと

4月20日　水曜日

ナオコが15年ぶりに遊びに来た。昼ごはんと焼きたてのクッキーをふるまった。大学時代の話ですごく盛り上がった。

⚠ ここでつまずく！
「…ぶり」はどう訳す？「焼きたてのクッキーをふるまう」というニュアンスを出したいのだけど…。

こう書く

Wednesday, April 20

Naoko came to my house for the first time in 15 years. I made lunch and baked cookies for us. We talked a lot about our college days. We had a great time.

語注 make lunch: 昼食を作る／bake ...: …を焼く／have a great time: 楽しむ、素晴らしい時を過ごす

「遊びに来た」は「私の家に来た」と表します。「遊びに来た」を直訳して came to play としないこと。play は子どもの遊びのニュアンスだからです。

「…ぶりに」は for the first time in ...（→ P. 42）と表現します。「…（の期間）で初めて」が直訳です。例えば、「1週間ぶりにナオコに会った」なら、I met Naoko for the first time in a week. という具合です。

「焼きたてのクッキー」は I baked cookies（クッキーを焼いた）とすれば、この日のために焼いた、つまり「焼きたて（手作り）」であることが伝わりますね。「ふるまった」は特に訳す必要はありませんが、あえて表すなら、最後に for us（私たちのために）を加えれば OK。ナオコのために焼いたのなら for her（彼女のために）ですが、自分も一緒につまんだという状況なら for us とするのがよいでしょう。

最後の文は、分けて考えましょう。「私たちは大学時代の話をたくさんした」「とても楽しかった」と考えて、We talked a lot about our college days. We had a great time. とすれば、「盛り上がった」という言葉を使わなくても表現できます。

column

楽しく続ける日記のアイデアいろいろ

「日記」と聞けば「三日坊主」という言葉を連想する人も少なくないと思います。何事もそうですが、最初から無理な目標を掲げてしまうと、負担になり挫折しがちです。「脱・三日坊主」を目指すなら、「これなら続けられそう」というペースの設定が大切です。

続けると言っても、無理して毎日書くことはありません。週に一度書くだけでも長い目で見れば継続していることになります。特別なことをしたときだけ書く、週末に1週間を振り返って書く、などいろいろ試してみて、自分に合うペースをつかみましょう。

日記を書くモチベーションの一つとして、好みの日記帳や筆記具を用意するのもオススメです。猫好きな私の生徒さんは、ピンクの表紙にかわいい猫のシールを貼ってオリジナルの日記帳を作りました。その特別な日記帳を開く時間が楽しみになり、一度は挫折した英語日記が、今回は続いているそうです。

また、スケジュール帳を利用するのも手です。「meeting 13:00（午後1時打ち合わせ）」、「calligraphy（習字）」のように予定を英語で書くようにすると、身の回りの「もの」「こと」を表す語彙が増えていきます。空いたスペースに日記を書けばいいですね。あなただけの英語日記ライフを楽しくスタイリングしてみましょう。

chapter_03

予定、意志、すべきこと

すでに終わった出来事だけでなく、計画や決意など、
これからのことも日記に書いてみましょう。
「予定」「意志」「すべきこと」を表現するための構文を学習します。

16 「…するつもりだ」
I'm going to ...

こんなことが書けます

下線部 A、B はそれぞれ、下の「入れ替え表現集」の A ～ B と入れ替えが可能です。

1 この夏は南アルプスに登るつもりだ。
I'm going to **climb the South Alps** this summer.
　　　　　　　　A

2 この週末は海に行かない。
I'm not going to **go to the beach** this weekend.
　　　　　　　　　　B

3 今夜、『ライオンキング』を見に行くつもりだったが、行かなかった。
I was going to **see "Lion King"** tonight, but I didn't.
　　　　　　　　B

予定や意志について述べる「…するつもりだ」は、I'm going to ...（動詞の原形）で表します。
　①の「南アルプスに登るつもりだ」なら、I'm going to climb the South Alps です。南アルプスのような「山脈」は、the ＋複数形にします。時を表す this summer は文末に置きます。
　「…しない」「…するつもりはない」は、②の I'm not going to ...（動詞の原形）の形を用いれば OK です。
　③のように am を was に替えて I was going to ... とすると、「…するつもりだった（が、しなかった・できなかった）」という意味になります。but 以下は省略可能です。

入れ替え表現集

〔A〕
仕事を探す　look for a job
引っ越す　move
富士山に登る　climb [kláim] Mt. Fuji
素潜りを習得する　master skin diving
ホームステイをする　go on a homestay
台湾の友人を訪ねる　visit my friend in Taiwan
3 週間の休暇を取る　take three weeks of vacation

〔B〕
町を離れる　go out of town
友人と集まる　get together with my friends
旅行に出掛ける　leave on a trip
ジムで汗を流す　work out at the gym
洗濯をする　do the laundry [lɔ́ːndri]
DVD を借りる　rent a DVD
庭の草むしりをする　weed my garden

真弓の一言 You have a 1000-watt smile.

Let's write! 日記を書こう！

「例えばこう書く」と左ページの「入れ替え表現集」を参考に日記を書いてみましょう。
1文だけでも構いませんが、余裕のある人は少し書き足してみてもいいでしょう。

例えばこう書く

2011年8月3日

今日はとても風が強かった。庭の草むしりをしたかったけど、できなかった。明日やるつもりだ。

→

August 3, 2011

It was so windy today. I wanted to weed my garden, but I couldn't. I'm going to do it tomorrow.

語注 windy: 風が強い／weed ...: …の雑草を抜く／garden: 庭

Date: _____

sunny / cloudy / rainy / snowy

真弓の一言 君の笑顔は1000ワット。

17 「…する予定だ」
I'm planning to ...

こんなことが書けます

下線部はそれぞれ、下の「入れ替え表現集」の語句と入れ替えが可能です。

1 家を買う予定だ。
I'm planning to <u>buy a house</u>.

2 来月、実家に行く予定だ。
I'm planning to <u>go to my parents' house</u> next month.

3 大学に進学する予定はない。
I'm not planning to <u>go on to college</u>.

あらかじめ計画してきた事柄を述べるには、I'm planning to ...（動詞の原形）が使えます。「…する予定だ」や「…するつもりである」という意味です。
①の「家を買う予定だ」なら、... に buy a house（家を買う）を入れて、I'm planning to buy a house. とすればOK。
計画をいつ実行するのかを表す「時」の表現（ここではnext month《来月》）は、②のように文末に置きましょう。
③のように、I'm not planning to ...（動詞の原形）を使えば、「…する予定はない」や「…するつもりはない」と述べることができます。

入れ替え表現集

調理師免許を取る　get a cooking license
休暇を取る　take a vacation
携帯電話を替える　change my cellphone
眼鏡をコンタクトレンズに替える
replace my glasses with contact lenses
髪の色を変える　change my hair color
ピアノを習う　learn the piano
試験を受ける　take a test
別の仕事を始める　start another job
一人暮らしをする　live alone
引っ越す　move out
犬を飼う　get a dog
海外に移住する　emigrate abroad
留学する　study abroad
彼女にプレゼントを送る　send her a present
彼の誕生パーティーに出席する　attend his birthday party
妹を家に泊まりにくるよう招待する　invite my sister to stay over my house

真弓の一言 With you around, everything is special.

Let's write! 日記を書こう!

「例えばこう書く」と左ページの「入れ替え表現集」を参考に日記を書いてみましょう。
1文だけでも構いませんが、余裕のある人は少し書き足してみてもいいでしょう。

例えばこう書く

5月6日　金曜日

歯列矯正をする予定だ。すてきな笑顔を手に入れたいな。

→

Fri., May 6

I'm planning to have my teeth straightened. I want to have a nice smile.

語注 *have one's teeth straightened*: 歯列矯正をする。イタリック体の *one's* の場所には、その文の主語(ここでは I)の所有格人称代名詞(ここでは my)が入ります／*I want to ...*: …したいなぁ(→ P. 116)

Date:

sunny　cloudy　rainy　snowy

真弓の一言　あなたがいれば、何もかもがスペシャル。

18 「…をしようっと・するぞ」
I'll …

こんなことが書けます

下線部 A、B、C はそれぞれ、下の「入れ替え表現集」のA〜Cと入れ替えが可能です。

1 彼にクッキーを焼いてあげようっと。
I'll <u>bake him some cookies</u>.
　　　　　　A

2 今週末は部屋を掃除しようっと。
I'll <u>clean my room</u> this weekend.
　　　B

3 よ〜し、お金をためてフランスへ行くぞ。
OK, I'll <u>save some money and go to France</u>.
　　　　　　　　　　C

　ふと「…しようっと」と思い付いたことは、I'll … で表しましょう。I'll は I will の短縮形で、… には動詞の原形が入ります。
　②の「今週末は部屋を掃除しようっと」なら、I'll clean my room this weekend. となります。this weekend のような「時」を表す語句は、日本語につられて文頭に入れてしまいがちですが、文末に入れた方が自然です。
　③のように OK, I'll … とすると、「(よ〜し、)…するぞ」という意気込みの強さを表現できますよ。「お金をためてフランスへ行く」のように、2つの動作を1文で述べる場合は、動詞を and でつなげば OK です。

入れ替え表現集

[A]
自分専用のパソコンを買う
buy my own computer
彼にそのニュースを教える
tell him the news
彼女に新しい自転車を見せる
show her my new bike
彼にもっと注意を払う
pay more attention to him
仕事に集中する
focus on my career

[B]
あのワンピースを買う
buy that dress
もっと仕事を頑張る　work harder

何かおいしいものを作る
cook something delicious
ゴルフを1ラウンドする
play a round of golf
温泉に行く　go to a hot spring

[C]
おしゃれをして出掛ける
dress up and go out
韓国へ行って本場の韓国料理を食べる
go to South Korea and try real Korean food
一晩中 DVD を見る
watch DVDs all night long
広東語を習得する
master Cantonese

真弓の一言　There's no rehearsal for life.

Let's write! 日記を書こう!

「例えばこう書く」と左ページの「入れ替え表現集」を参考に日記を書いてみましょう。
1文だけでも構いませんが、余裕のある人は少し書き足してみてもいいでしょう。

例えばこう書く

2011年12月18日

ある講演に行った。講演者は50歳で翻訳家になった。必死で努力すれば、何だってできると思った。よ〜し、もっと仕事を頑張ろうっと。

→

December 18, 2011

I went to a lecture. The lecturer became a translator at 50. I think anything is possible if you try hard enough. OK, I'll work harder.

語注 lecture: 講演、講義／lecturer: 講演者／translator: 翻訳家／possible: 可能な、できる／try: やってみる、努力する

Date: _____   sunny cloudy rainy snowy

真弓の一言 人生にリハーサルはない。

19 「もし〜だったら…しよう」
If 〜 , I'll …

こんなことが書けます

下線部 A、B、C はそれぞれ、下の「入れ替え表現集」の A 〜 C と入れ替えが可能です。

1 もし明日、晴れだったら、布団を干そう。
If it's sunny tomorrow, I'll <u>air the futon</u>.
　　　　　　　　　　　　　　　　A

2 もし明日、まだ具合が悪かったら、医者に行こう。
If I still feel sick tomorrow, I'll <u>go to the doctor</u>.
　　　　　　　　　　　　　　　　　　　B

3 もし彼女が忙しくなかったら、映画に誘おう。
If she's not busy, I'll <u>ask her out to the movies</u>.
　　　　　　　　　　　　　　　C

「もし〜だったら…しよう」と、自分の行動が状況次第であることを表現するときは、If 〜（現在形の文）, I'll …（動詞の原形）を用います。〜には、tomorrow（明日）などの未来を表す語句を入れても動詞は現在形です。この点に注意しましょう。
例えば①の「もし明日、晴れだったら」なら、If の後ろに it's sunny tomorrow と現在形で続けます。
③のように「もし〜でなかったら」と言いたいときには、If の後ろの文を否定文にします。「〜を…に誘う」という意味の ask 〜（人）out to … は、会話でもよく使われる表現です。

入れ替え表現集

[A]
日帰りで旅行をする
go on a day trip
ドライブで遠出する
go for a long drive
子どもたちを動物園に連れて行く
take my kids to the zoo
洗濯をする　do the laundry
犬を洗う　bathe my dog
庭仕事をする　do some yardwork

[B]
病欠の連絡をする　call in sick
薬を飲む　take medicine
安静にしている　stay in bed
お母さんに来てもらう
ask Mom to come over

約束をキャンセルする
cancel the appointment

[C]
ランチに誘う
ask her out to lunch
仕事の後で会う
meet her after work
ショッピングモールに連れて行く
take her to the mall with me
子守を頼む
ask her to baby-sit
家事を手伝ってもらう
ask her to help me with the housework

真弓の一言 You don't need to be number one; just be the only one.

Let's write! 日記を書こう！

「例えばこう書く」と左ページの「入れ替え表現集」を参考に日記を書いてみましょう。
1文だけでも構いませんが、余裕のある人は少し書き足してみてもいいでしょう。

例えばこう書く

8月24日　水曜日

会社のそばに小さなボクシングジムを見つけた。ボクササイズのクラスもある。明日もし時間があったら、仕事の後で寄ってみよう。

→

Wed., August 24

I found a small boxing gym near our office. They have boxercise classes. If I have time tomorrow, I'll drop in after work.

語注　boxing gym: ボクシングジム／boxercise: ボクササイズ／have time: 時間がある／drop in: 立ち寄る

Date: _____

sunny　cloudy　rainy　snowy

真弓の一言　1番にならなくても、ただオンリーワンになればいいんだよ。

20 「何があっても…するつもりだ」
No matter what, I will ...

こんなことが書けます

下線部 A、B、C はそれぞれ、下の「入れ替え表現集」の A～C と入れ替えが可能です。

1 何があっても、彼女を支えるつもりだ。
No matter what, I will <u>support her</u>.
　　　　　　　　　　　　　A

2 何があっても、英語を勉強しにイギリスへ行くつもりだ。
No matter what, I will <u>go to England to study English</u>.
　　　　　　　　　　　　　　　　　B

3 何があっても、9時までに電車に乗るつもりだ。
No matter what, I will <u>get on a train by 9 a.m.</u>
　　　　　　　　　　　　　　　　C

「何があっても…するつもりだ」という強い意志は、No matter what, I will ... と表します。no matter what は no matter what happens（何が起きても）を略した形で、…には動詞の原形を入れます。
①の「何があっても、彼女を支えるつもりだ」は、… に support her（彼女を支える）を入れればいいですね。
②なら、… に go to England to study English を入れます。「…しに」という理由や目的は、to …（動詞の原形）で表しましょう。
③のように、「…までに」と言うときは、by を使って、by 9 a.m.（≪朝≫9時までに）のように表現しましょう。

入れ替え表現集

〔A〕
資格(免許)を取る
get the qualification
絶対にあきらめない
never give up
入学試験に合格する
pass the entrance exam
彼を信用する　trust him

〔B〕
通訳になるため一生懸命勉強する
study hard to become an interpreter
新しいカウチの置き場所を作るためがらくたを処分する
get rid of the junk to make room for a new couch

節約のため自転車で通勤する
cycle to work to save money
このドレスが着られるようやせる
lose weight to fit into this dress

〔C〕
公開初日に映画を見に行く
go to see that movie on the opening day
今週末に洗濯を片付ける
finish the laundry this weekend
毎日、日記を書く
write in my diary every day
最終日までにピカソの展覧会を見に行く
go to see the Picasso exhibition before the last day

真弓の一言 There's no royal road to learning.

Let's write! 日記を書こう！

「例えばこう書く」と左ページの「入れ替え表現集」を参考に日記を書いてみましょう。
1文だけでも構いませんが、余裕のある人は少し書き足してみてもいいでしょう。

例えばこう書く

1月5日　水曜日

教えることは私の天職だ。英語の教師という仕事が楽しい。何があっても、教えることを続けるつもりだ。

→

Wednesday, January 5

Teaching is my vocation. I enjoy my job as an English teacher. No matter what, I will continue to teach.

語注 vocation: 天職／continue to ...（動詞の原形）: …し続ける

Date: _____

☀ sunny　☁ cloudy　☂ rainy　❄ snowy

真弓の一言　学問に王道なし。

21 「…することにした」
I decided to …

こんなことが書けます

下線部はそれぞれ、下の「入れ替え表現集」の語句と入れ替えが可能です。

1 フランス語を習うことにした。
I decided to **learn French**.

2 この冬、ニューヨークに行くことにした。
I decided to **visit New York** this winter.

3 彼女とはもう会わないことにした。
I decided not to **see her any more**.

「…することにした」という決心は、I decided to …（動詞の原形）で表せます。例えば①の「フランス語を習うことにした」なら、… に learn French（フランス語を習う）を入れればOK。
　②の this winter（この冬）のように、実行するつもりの時期を表す表現は、最後に置きます。
　③のように「…しないことにした」と言うには、not を to の前に入れます。「彼女とはもう会わないことにした」なら、I decided not to see her any more. となります。最後に「これ以上」という意味の any more を付けると、この not と呼応して、「もう…しない」と言うことができます。

入れ替え表現集

アルバイトをする　work part-time
父の仕事を継ぐ　take over my father's business
故郷に帰る　return to my hometown
クラス会に出席する　attend the class reunion
別荘を購入する　buy a vacation home
ボーナスを貯金する　put my bonus in the bank
宝くじを買う　buy lottery tickets
自動車学校に通う　go to a driving school
司法試験を受ける　take the bar exam
手術を受ける　have surgery [sə́ːrdʒəri]
歯の治療を受ける　get the dental treatment
禁煙する　give up smoking
そのダイエット法を試す　try the weight-loss method
菜食主義になる　adopt a vegetarian diet
スキーを始める　take up skiing
マラソン大会に出る　participate in a marathon

真弓の一言　Learning new things is so wonderful.

Let's write! 日記を書こう！

「例えばこう書く」と左ページの「入れ替え表現集」を参考に日記を書いてみましょう。
1文だけでも構いませんが、余裕のある人は少し書き足してみてもいいでしょう。

例えばこう書く

7月2日　土曜日

今日、お気に入りのピンクの水着を試しに着てみたけど、少しきつかった。だから、ダイエットをすることにした。

→

Saturday, July 2

I tried on my favorite pink swimsuit today, but it was a bit tight. So I decided to go on a diet.

語注 try on ...:（服など）を試しに着てみる／favorite: お気に入りの／swimsuit: 水着／a bit: 少し／tight:（衣服などが）きつい／go on a diet: ダイエットをする

Date: _____

sunny　cloudy　rainy　snowy

真弓の一言 新しいことを学ぶのは、とてもステキ。

1 状態
2 行動
3 予定、意志…
4 感想、印象
5 気持ち
6 考え

63

22 「—は…することになっている」
— is supposed to …

こんなことが書けます

下線部 A、B、C はそれぞれ、下の「入れ替え表現集」の A〜C と入れ替えが可能です。

1 ユウコは明日6時に到着することになっている。
Yuko is supposed to <u>arrive at 6 tomorrow.</u>
　　　　　　　　　　　　A

2 セリーヌ・ディオンの新しいアルバムはまもなく発売されることになっている。
Celine Dion's new album is supposed to <u>come out soon.</u>
　　　　　　　　　　　　　　　　　　　　　　　　B

3 私は今夜、テツと会うことになっている。
I am supposed to <u>meet Tetsu tonight.</u>
　　　　　　　　　　　　C

「—は…することになっている」は、— is supposed to … で表します。—には主語を、…には動詞の原形を入れます。
①なら、—に Yuko を、…に arrive at 6 を入れます。時刻は at … で表します。
主語は、②の Celine Dion's new album（セリーヌ・ディオンの新しいアルバム）のように、物でも OK。come out は「(CD や本などが) 発売される」という意味です。
③のように主語が I（私）の場合は、is を am に変えて、I am supposed to … と使います。ちなみに主語が You なら are を使い、You are supposed to … となります。

入れ替え表現集

〔A〕
2カ月後に子どもが生まれる
have a baby in two months
私と買い物に来る
come shopping with me
うちの子犬を1匹もらってくれる
adopt one of our puppies
迎えに来てくれる　pick me up
電話をくれる　call me

〔B〕
人気がある　be popular
チャートの1位になる
be top of the charts
彼女の最高傑作になる
be her best ever

おまけの DVD が付く
come with a bonus DVD
現在ヒット中のシングル曲が入る
contain the current hit single

〔C〕
彼を空港まで迎えに行く
pick him up at the airport
ピクニックを企画する
organize a picnic
明日、フリーマーケットに行く
go to a flea market tomorrow
夕食を作る　fix dinner
1週間入院する
be in the hospital for a week

真弓の一言 Having met you when I did is my treasure.

Let's write! 日記を書こう!

「例えばこう書く」と左ページの「入れ替え表現集」を参考に日記を書いてみましょう。
1文だけでも構いませんが、余裕のある人は少し書き足してみてもいいでしょう。

例えばこう書く

10月6日　木曜日

キヨミが2カ月後に赤ちゃんを出産する。わくわくするわ。安産だといいな。

→

Thursday, Oct. 6

Kiyomi is supposed to have a baby in two months. I'm excited. I hope she has an easy delivery.

語注 in two months: 2カ月後に／I hope ...: …だといいなぁ(→ P. 122)／have an easy delivery: 安産する

Date: _____

sunny / cloudy / rainy / snowy

真弓の一言 あの時あなたに出会えたことが何よりの宝物。

23 「…しなくてはならない」
I have to …

こんなことが書けます

下線部 A、B、C はそれぞれ、下の「入れ替え表現集」の語句 A ～ C と入れ替えが可能です。

1 明日、本を返さなくてはならない。
I have to <u>return the books</u> tomorrow.
　　　　　　　　A

2 本当に出費を抑えなくてはならない。
I really have to <u>cut down on my spending</u>.
　　　　　　　　　　B

3 今日は残業しなくてはならなかった。
I had to <u>work overtime</u> today.
　　　　　　C

「…しなくてはならない」には、I have to …（動詞の原形）を用います。

①の「明日、本を返さなくてはならない」なら、… に return the books（本を返す）を入れ、最後に「時」を表す言葉 tomorrow（明日）を持ってくれば OK です。

②のように「本当に…しなくてはならない」と、必要性を強調する really は、have to の前に置き I really have to … とします。

③のように「…しなくてはならなかった」と言うには、have を過去形にし、I had to … とすれば OK。会話では、have to は「ハフトゥ」、had to は「ハットゥ」のように発音するので注意しましょう。

入れ替え表現集

〔A〕
彼にお金を返す
pay him back the money
レポートを提出する
hand in the papers
旅行会社に問い合わせをする
contact my travel agent
ホテルを予約する
make a hotel reservation
早く起きる　get up early

〔B〕
お酒を控える　refrain from drinking
もっと慎重に運転する
drive more carefully
文句を言うのをやめる
stop complaining

バランスの取れた食事をする
eat a balanced diet
スケジュールについていく
keep up with the schedule

〔C〕
タクシーで帰宅する
come home by taxi
平静を保つ
stay calm [káːm]
彼女を迎えに行く
pick her up
子どもたちを叱る
scold my kids
犬の散歩をする
walk my dog

真弓の一言 All experts were at one time beginners.

Let's write! 日記を書こう！

「例えばこう書く」と左ページの「入れ替え表現集」を参考に日記を書いてみましょう。
1文だけでも構いませんが、余裕のある人は少し書き足してみてもいいでしょう。

例えばこう書く

11月28日　月曜日

明日は朝5時半に出るつもりだ。だから今夜は早く寝なきゃいけない。

→

Monday, November 28

I'm going to leave at 5:30 a.m. tomorrow.
So I have to go to bed early tonight.

語注 I'm going to ...: …するつもりだ（→ P. 52）／leave: 出発する／tonight: 今夜

Date: _____

sunny　cloudy　rainy　snowy

真弓の一言 どんな達人だって最初は初心者。

1 状態
2 行動
3 予定、意志…
4 感想、印象
5 気持ち
6 考え

24 「…しないといけない」
I need to ...

こんなことが書けます

下線部 A、B、C はそれぞれ、下の「入れ替え表現集」の A～C と入れ替えが可能です。

1 切手を買わないといけない。
I need to <u>buy some stamps</u>.
　　　　　　　A

2 本当にしっかり勉強しないといけない。
I really need to <u>study hard</u>.
　　　　　　　　　　B

3 明日、レストランの予約をしないといけない。
I need to <u>make a restaurant reservation</u> tomorrow.
　　　　　　　　　　C

「…しないといけない」は、I need to ...（動詞の原形）で表します。I have to ...（…しなければならない）ほど強い義務感はありませんが、意味はほぼ同じです。
　①の「切手を買わなくてはいけない」なら、... に buy some stamps（切手を買う）を入れれば OK。
　②のように「本当に…しないといけない」と強調するには、need の前に really（本当に）を入れます。
　③の「明日、レストランの予約をしないといけない」と言う場合は、まず、make a restaurant reservation（レストランの予約をする）と入れた後に「時」を表す tomorrow を続けます。

入れ替え表現集

〔A〕
ごみを分別する
separate the garbage
冬物をしまう
put away my winter clothes
彼女の E メールに返信する
reply to her e-mail
子どもたちの話にもっと耳を傾ける
listen more to my children
確定申告をする
file my income tax return

〔B〕
もっと良い仕事を見つける
find a better job
休養を取る　take a rest

クローゼットを整理する
organize my closet
規則正しい生活をする
regulate my daily life

〔C〕
お金を下ろす
withdraw some money
クリーニング屋に服を持っていく
take some clothes to the dry cleaner's
郵便局で荷物を受け取る
pick up my package from the post office
車にガソリンを入れる
put gas in my car
飼い猫を獣医に連れて行く
take my cat to the vet

真弓の一言 The key to happiness is to be able to be happy with what you've got.

Let's write! 日記を書こう!

「例えばこう書く」と左ページの「入れ替え表現集」を参考に日記を書いてみましょう。
1文だけでも構いませんが、余裕のある人は少し書き足してみてもいいでしょう。

✐ 例えばこう書く

2011年1月6日

やばい。今週末、ダブルブッキングしちゃった。どちらかの約束をキャンセルするいい言い訳を思い付かなきゃ。

→

January 6, 2011

Uh-oh. I have double-booked myself this weekend. I need to come up with a good excuse to cancel one of the appointments.

語注 Uh-oh: おっと、やばい。発音は「オッオゥ」／ double-book oneself: ダブルブッキングする、予約を重複して入れる。have double-booked は現在完了形／ come up with ...: …を思い付く／ excuse: 言い訳／ appointment: 約束

Date: _____

sunny　cloudy　rainy　snowy

....

....

....

....

....

真弓の一言 いまの自分に満足することが幸せへの秘訣。

25 「（絶対に）…したほうがいい」
I'd better …

こんなことが書けます

下線部 A、B はそれぞれ、下の「入れ替え表現集」の A～B と入れ替えが可能です。

1 彼に助言を求めたほうがいい。
I'd better <u>ask him for some advice</u>.
　　　　　　A

2 10時までに空港に着いたほうがいい。
I'd better <u>get to the airport by 10</u>.
　　　　　　A

3 脂肪分の多いものを食べないほうがいい。
I'd better not <u>eat fatty food</u>.
　　　　　　　　B

「（絶対に）…したほうがいい」は、I'd better …（動詞の原形）で表します。I'd は I had の短縮形です。
①の「（絶対に）彼に助言を求めたほうがいい」なら、… に ask him for some advice（彼に助言を求める）を入れて、I'd better ask him for some advice. とします。
②の get to … は「…に着く」、by ～ は「～までに」という意味です。
「（絶対に）…しないほうがいい」と否定文にするには、③のように、I'd better の後に not を入れましょう。
had better は強い助言や忠告、強制を表すので、会話の際、目上の人には言わないよう注意しましょう。

入れ替え表現集

〔A〕
たばこの本数を減らす
cut down on cigarettes
医者の言うことを聞く
listen to my doctor
健康管理をしっかりする
take good care of my health
彼らのことには関わらない
stay out of their business
リサイタルに向けてピアノの練習をする
practice my piano for the recital
目を休ませる　give my eyes a rest
早く寝る　go to bed early

〔B〕
お金を無駄にする　waste money
朝食を抜く　skip breakfast
暗がりで本を読む
read in the dark
車のスピードを出し過ぎる
drive too fast
カフェインを取り過ぎる
take too much caffeine [kǽfiːn]
働き過ぎる　work too hard
無理をする　push myself too hard
夜更かしをする　go to bed late

真弓の一言 If you think you can, you can. If you think you can't, you can't.

Let's write! 日記を書こう！

「例えばこう書く」と左ページの「入れ替え表現集」を参考に日記を書いてみましょう。
1文だけでも構いませんが、余裕のある人は少し書き足してみてもいいでしょう。

例えばこう書く

2月11日　金曜日

最近、肌が荒れてきた。ストレスは肌トラブルの原因になると聞いた。リラックスする方法を見つけなきゃ。

→

Fri., Feb. 11

My skin is getting rough these days. I heard stress can cause skin problems. I'd better find a way to relax.

語注 get rough:（肌などが）荒れる／I heard ...: …だと聞いた（→ P. 16）／stress: ストレス／cause ...: …の原因になる、…を引き起こす／a way to ...: …する方法／relax: リラックスする

Date:　　　　sunny　cloudy　rainy　snowy

真弓の一言　できると思えばできるし、できないと思うとできないもの。

26 「…したほうがいいかも」
Maybe I should …

こんなことが書けます

下線部 A、B はそれぞれ、下の「入れ替え表現集」の A 〜 B と入れ替えが可能です。

1 医者に診てもらったほうがいいかも。
Maybe I should **see a doctor**.
　　　　　　　　　　A

2 明日、彼女に電話したほうがいいかも。
Maybe I should **call her** tomorrow.
　　　　　　　　　A

3 コーヒーを飲み過ぎないほうがいいかも。
Maybe I shouldn't **have too much coffee**.
　　　　　　　　　　　　B

「…したほうがいいかも」は、Maybe I should …（動詞の原形）で表します。最善の策かどうかわからないけれど、そうしてみようかな、というニュアンスです。
①の「医者に診てもらったほうがいいかも」なら、… に see a doctor（医者に診てもらう）を入れます。
②の「明日、彼女に電話したほうがいいかも」なら、… に call her を入れ、その後に tomorrow（明日）を続けます。「時」に関する言葉は最後に持ってきます。
③のように、「…しないほうがいいかも」と否定文で表すには、should を shouldn't（＝ should not）にしましょう。

入れ替え表現集

[A]
会社に電話する　call the office
車にスノータイヤを付ける
put snow tires on my car
携帯電話を買う　get a cellphone
上司と話す　speak with my boss
たばこをやめる　quit smoking
ひげをそり落とす
shave off my beard
彼の謝罪を受け入れる
accept his apology
娘を励ます
encourage my daughter
眼鏡を買う　get a pair of glasses
もっと野菜を食べる
eat more vegetables

[B]
夜遅くに電話する
call late at night
ニキビをつぶす　pop my pimples
心配し過ぎる　worry too much
彼の話を真に受ける
take him seriously
息子に小言を言う　nag my son
寝る前に食べる
eat before bedtime
何時間もコンピューターゲームをする
play computer games for hours

真弓の一言 Don't measure your success in life with others'.

Let's write! 日記を書こう！

「例えばこう書く」と左ページの「入れ替え表現集」を参考に日記を書いてみましょう。
1文だけでも構いませんが、余裕のある人は少し書き足してみてもいいでしょう。

例えばこう書く

2011年12月16日

来週末、トモミと長野へ行くことにした。車にスノータイヤをつけたほうがいいかも。

→

Dec. 16, 2011

Tomomi and I decided to go to Nagano next weekend. Maybe I should put snow tires on my car.

語注 I decided to ...（動詞の原形）：…することにした（→ P. 62）／ snow tire：スノータイヤ。雪道走行用の特殊なタイヤを指す

Date: _____

sunny / cloudy / rainy / snowy

真弓の一言 他人と比べて自分の人生を評価するのはよくないよ。

27 「…したほうがいいかなぁ」
I wonder if I should …

こんなことが書けます

下線部 A、B はそれぞれ、下の「入れ替え表現集」の A ～ B と入れ替えが可能です。

1 ノート型パソコンを買ったほうがいいかなぁ。
I wonder if I should <u>buy a laptop computer</u>.
　　　　　　　　　　　　A

2 彼女に会うのをやめたほうがいいかなぁ。
I wonder if I should <u>stop seeing her</u>.
　　　　　　　　　　　　A

3 言い訳はしないほうがいいかなぁ。
I wonder if I shouldn't <u>make an excuse</u>.
　　　　　　　　　　　　　B

「…したほうがいいかなぁ」は、I wonder if I should …（動詞の原形）を使うと、行動に移すべきか迷い、自問自答している感じが出せます。例えば①の「ノート型パソコンを買ったほうがいいかなぁ」は、buy a laptop computer（ノート型パソコンを買う）を入れればOKです。
②の「…するのをやめる」は stop …（動詞の -ing形）でOK。stop to …（動詞の原形）だと、「…するために立ち止まる」と異なる意味になります。
③のように「…しないほうがいいかなぁ」と言うときは、I wonder if I shouldn't … とします。shouldn't は should not の短縮形です。「言い訳をする」は make an excuse です。

入れ替え表現集

[A]
彼とその問題を話し合う
discuss the problem with him
彼女に謝る　apologize to her
彼にはっきり言う
tell him straight
その仕事を引き受ける
accept the job
旅行を取りやめる　cancel the trip
両親の近くに住む
live closer to my parents
退職後の備えを始める
start saving for retirement
電車で行く　go by train

[B]
インターネットに長時間費やす
spend so much time on the Internet
そんな小さなことを気に病む
worry about such a small thing
彼女の名前をリストに載せる
put her name on the list
夢をあきらめる
give up on my dream
彼の前でその話題を持ち出す
bring up the subject in front of him
夜遅い時間に食べる
eat late at night

真弓の一言 Where there's a will, there's a way.

Let's write! 日記を書こう！

「例えばこう書く」と左ページの「入れ替え表現集」を参考に日記を書いてみましょう。
1文だけでも構いませんが、余裕のある人は少し書き足してみてもいいでしょう。

例えばこう書く

9月15日　木曜日

リックがまたデートに遅れて来た。それさえなければ、とてもいい人なのに。彼にはっきり言ったほうがいいかなぁ。

→

Thursday, September 15

Rick came late for our date again. Aside from that, he's such a nice person. I wonder if I should tell him straight.

語注　come late for ...: …に遅れて来る／aside from ...: …を除けば／tell ... straight: …にはっきり言う

Date: _____

sunny　cloudy　rainy　snowy

真弓の一言　意志があれば道は開ける。

28 「…してもいいかな」
I might as well ...

こんなことが書けます

下線部はそれぞれ、下の「入れ替え表現集」の語句と入れ替えが可能です。

1 彼女と一緒に行ってもいいかな。
I might as well **go with her.**

2 接待ゴルフをしてもいいかな。
I might as well **play golf with my clients.**

3 彼の引っ越しを手伝ってもいいかな。
I might as well **help him move.**

「しないよりはしたほうがいいかな」と自分の意志を控えめに表現するときには、I might as well ...（動詞の原形）が使えます。
①の「彼女と一緒に行ってもいいかな」なら、... に go with her（彼女と一緒に行く）を入れて、I might as well go with her. とします。
②の「接待ゴルフをしてもいいかな」は、... に play golf with my clients（取引先とゴルフをする）を入れます。
③の「彼の引越しを手伝ってもいいかな」なら、... に help him move（彼の引越しを手伝う）を入れましょう。help ＋〜（人）＋ ...（動詞の原形）で「〜（人）が…するのを手伝う」という意味です。

入れ替え表現集

家で食べる　eat at home
彼女に付き合って家にいる　keep her company at home
会議に参加する　participate in the conference
彼をディズニーランドに連れて行く　take him to Disneyland
歯医者に行く　go to the dentist
今夜は勉強をする　study tonight
今夜はテレビを見る　watch TV tonight
テレビを見ながら洗濯物を畳む　fold the laundry while watching TV
冷蔵庫を買い替える　replace my old refrigerator
プレゼンの練習をする　practice the presentation
企業に履歴書を送る　submit my résumé to the company
子どもが本を選ぶのを手伝う　help my child choose some books
妻の料理を手伝う　help my wife cook
アイロンがけをする　do some ironing

真弓の一言　Whether your dreams come true depends on your effort.

Let's write! 日記を書こう！

「例えばこう書く」と左ページの「入れ替え表現集」を参考に日記を書いてみましょう。
1文だけでも構いませんが、余裕のある人は少し書き足してみてもいいでしょう。

例えばこう書く

4月12日　火曜日

ユキがずっと遊園地に行きたいと言っている。週末にディズニーランドへ連れて行ってもいいかな。

→

Tuesday, April 12

Yuki keeps saying she wants to go to an amusement park. I might as well take her to Disneyland this weekend.

語注 keep ...（動詞の -ing 形）：…し続ける／amusement park: 遊園地／take ... to 〜：…を〜に連れて行く

Date: _____　　sunny　cloudy　rainy　snowy

真弓の一言 夢を実現できるかどうかは努力次第。

29 「…しておけばよかった・すべきだった」
I should've …

こんなことが書けます

下線部 A、B はそれぞれ、下の「入れ替え表現集」の A 〜 B と入れ替えが可能です。

1 昨日のうちにチケットを買っておけばよかった。
I should've **bought the ticket yesterday.**
　　　　　　　A

2 もっと早く運転免許を取っておけばよかった。
I should've **gotten my driver's license earlier.**
　　　　　　　A

3 あんなにたくさん食べなきゃよかった。
I shouldn't have **eaten that much.**
　　　　　　　B

「…しておけばよかった」という後悔の気持ちは、I should've … で表します。should've は should have の短縮形で、…には動詞の過去分詞形が続きます。
①の「昨日のうちにチケットを買っておけばよかった」なら、buy の過去分詞形 bought を用いて表します。「昨日のうちに」は単に「昨日」と考えれば OK。
②の「運転免許を取る」は、get my driver's license。get の過去分詞形は、gotten または got です。my は a でも構いません。
「…しなきゃよかった」は③のように、shouldn't have ＋ 過去分詞形で表すことができます。

入れ替え表現集

[A]
父さんに相談する　asked my dad for his advice
歯科検診を受ける　had a dental checkup
部屋の掃除をする　cleaned my room
もう少し待つ　waited a little longer
もっと貯金をする　saved more money
昨日のうちにレポートを書く　written the report yesterday
もっと早く出社する　come to the office earlier

[B]
クレジットカードをたくさん使う　used my credit card so much
彼女に電話番号を教える　given her my phone number
うわさを信じる　believed the gossip
彼を責める　blamed him
夕食後にコーヒーを飲む　had coffee after dinner
昨晩、夜更かしをする　stayed up late last night
授業を欠席する　missed the class

真弓の一言 Just go with the flow.

Let's write! 日記を書こう！

「例えばこう書く」と左ページの「入れ替え表現集」を参考に日記を書いてみましょう。
1文だけでも構いませんが、余裕のある人は少し書き足してみてもいいでしょう。

例えばこう書く

1月11日　火曜日

この間買ったのと同じハンドバッグがセールで半額になっていた。あー、しまった！　もう少し待てばよかったな。まぁ、人生こういう時もあるわよね。

→

Tuesday, Jan. 11

The same purse I bought the other day was half-price at a sale. Oh, shoot! I should've waited a little longer. Well, I guess life is like that.

語注: purse: ハンドバッグ／the other day: 先日／half-price: 半額の／at a sale: 特売で／shoot!: もう！、しまった！／a little longer: もう少し／well: まぁ、ああ／I guess ...: …だろうな（→ P. 140）

Date: _____　sunny　cloudy　rainy　snowy

真弓の一言　人生の流れに乗ろう。

発想を転換して、脱・直訳！
ライティング力UP講座 3

書きたい言葉が自分の英語の語彙にない場合はあきらめるしかないの？　いいえ、そんなことはありません。語彙力の壁を乗り越える、とっておきの発想術を指南します。

CASE 1　主婦／シオリさんの場合

書きたいこと

7月5日　火曜日

去年植えたバラがきれいに咲いた。早速、写真を撮った。娘に送ってあげたら喜ぶかも。

ここでつまずく！
「去年植えたバラ」はどう英語にする？　「咲く」も私の英語の語彙にはありません。

こう書く →

Tuesday, July 5

I planted some roses last year. They're beautiful now. I took some pictures. Maybe I should send some to my daughter.

語注 plant ...:（苗など）を植える／take a picture: 写真を撮る／daughter: 娘

「去年植えたバラがきれいに咲いた」をどう表せばよいか迷ってしまいそうですが、こういう場合は文を区切って表すのがコツです。例えば、「去年バラを植えた」「それらが今きれいだ」と考えて、I planted some roses last year. They're beautiful now. とすればやさしい英語で表現できますね。「きれいに咲いた」は、「咲いた」という日本語にとらわれず、beautiful（きれいだ）とするだけでも十分に伝わります。英語の訳語に詰まったら、「きれいに咲いた → きれいだ」のように柔軟な発想で訳してみましょう。

「早速」も訳すのに苦労しそうですが、これはなくても元の文から大きく意味が変わってしまうわけではないので、取ってしまってOK。ここでは写真を何枚か撮ったと考えて some pictures となっていますが、1枚なら a picture としましょう。

「娘に送ってあげたら喜ぶかも」は、Maybe I should ...（…したほうがいいかも → P. 72）を使って、Maybe I should send some to my daughter. とするとよいでしょう。「喜ぶ」は訳さなくても、言いたいことは伝わります。

CASE ② 学生／カズヤさんの場合

書きたいこと

10月14日　金曜日

今日は中間テストの最終日だった。==わからないところだらけ==だったなあ。==1カ月半==後には期末がある。これからマジで==頑張らないと==。

こう書く →

Friday, October 14

It was the last day of the midterm tests today. I couldn't answer a lot of the questions. I have the finals in six weeks. I'd better study harder from now on.

語注 last day: 最終日／midterm tests: 中間テスト／finals: 期末テスト。final tests を略している／from now on: これから

⚠ ここでつまずく！

「わからないところだらけ」は、なんて英語にすればいい？「1カ月半」は？ここでの「頑張る」はどんな英語がいいかな。

「今日は中間テストの最終日」は、主語を「今日」にしてしまいそうですが、It was the last day of the midterm tests today. のように、today を最後に持ってくると英語らしくなります。

「わからないところだらけ」は、同じ状況を別の言葉で言い換えられないか考えてみましょう。「わからないところが多かった」=「たくさんの問題に答えることができなかった」と考えれば、I couldn't answer a lot of the questions. とすることができます。

「1カ月半」は one and a half months でもいいですが、英語では「6週間」と「週」で表すことも多いので覚えておくとよいでしょう。「（今から）…後」は、in ... と表します。「…以内」と言うなら within ... です。

「これからマジで頑張らないと」は I need to ...（…しないといけない → P. 68）を使うこともできますが、「そうしないと困ったことになる」という意味合いを含むときは、I'd better ...（《絶対に》…したほうがいい → P. 70）を使うと、より的確に表すことができます。

ここでの「頑張る」は、「もっと一生懸命勉強する」と考えるのがベストです。「これから」は from now on がピッタリですが、なくても、期末テストに向けて巻き返しを図ろうという意気込みは伝わります。

column

今どきのボキャビル術　①生活編

英語日記を実践する多くの人が、英語日記を始めて以来、前より英語に"敏感"になったと実感しているようです。学習時間以外でも、ふと目にした英単語の意味が気になったり、「これは英語で何と言うのだろう」と考えている自分に気付いたりといった具合です。

こうなったらしめたもの！　インプットを増やしましょう。以前よりずっと英語を吸収しやすくなっているはずです。

ペーパーバックや英字新聞を読み、英語放送を視聴……なんて素敵ですが、ここでも無理は禁物です。まずは普段の生活の中で、身近な英語にアンテナを張ってみましょう。例えば、映画の題名、曲名や歌詞、社名、店名、Tシャツのプリント、広告、紅茶のフレーバー、香水の名前、など何でも構いません。気になる英単語やフレーズに出合ったら、書き留めておきましょう。意味は、疑問に思ったその時に調べたほうが記憶に定着しやすいですが、無理なときは後からでもOKです。

専用のノートを用意して記録すれば、貴重な語彙集になります。日記の欄外や空きスペースを活用してもいいでしょう。パソコンの操作が得意な人は、データベースを作るのもいいですね。獲得した語彙は日記の中でも積極的に使ってみることをオススメします。

chapter_04

感想、印象

見聞きしたもの、出来事に対する感想や印象をシンプルに表現してみましょう。
すでに学習した行動の表現にプラスすれば、
あなたの日記は一気にレベルアップしますよ。

30 「(感想・印象)…だった」
It was ...

こんなことが書けます

下線部はそれぞれ、下の「入れ替え表現集」の語句と入れ替えが可能です。

1 素晴らしかった。
It was <u>wonderful</u>.

2 すごくワクワクした。
It was really <u>exciting</u>.

3 それほど良くなかった。
It wasn't so <u>great</u>.

「(それは)…だった」と感想や印象を述べるには、It was ... が便利です。... には形容詞が来ます。
「素晴らしかった」なら、①のように wonderful(素晴らしい)を使って It was wonderful. とします。
「すごく…だった」と強調するには、②のように、強調したい形容詞(この場合はexciting)の前に really(すごく)や so(とても)を入れればOK です。
「…でなかった」と言うときには、It was ... を否定文にして It wasn't ... としましょう。③のように so や really の入った文を否定文にした場合は、「それほど…でなかった」という意味になります。

入れ替え表現集

良い	good	悲しい	sad
悪い	bad	元気が出る	inspiring
素晴らしい	fantastic	衝撃的な	shocking
面白い(興味深い)	interesting	ひどい	terrible
面白い(おかしい)	funny	誤解を招くような	misleading
つまらない	boring	信じられない	unbelievable
がっかりな	disappointing	恥ずかしい	embarrassing [imbǽrəsiŋ]
イライラさせる	annoying	みじめな	miserable [mízərəbl]
印象的な	impressive	複雑な	complex
感動的な	moving	やりがいのある、得るところのある	rewarding
ほほえましい	heartwarming	おいしい	tasty
驚くような	surprising	甘い	sweet
並外れた	extraordinary	こってりした	heavy
居心地のいい	cozy [kóuzi]		
平凡な	ordinary		
易しい	easy		
骨の折れる	tiring		

真弓の一言 A smile is the best make-up. (訳は右ページ)

Let's write! 日記を書こう！

「例えばこう書く」と左ページの「入れ替え表現集」を参考に日記を書いてみましょう。
1文だけでも構いませんが、余裕のある人は少し書き足してみてもいいでしょう。

例えばこう書く

7月16日　土曜日

今日、ヨウコと『アイーダ』を見た。
素晴らしかった。ミュージカルって大好き！

→

Saturday, July 16

I saw "Aida" with Yoko today. It was fantastic. I love musicals!

語注 "Aida":『アイーダ』。ミュージカルのタイトル／musical: ミュージカル

Date: ＿＿＿＿＿＿＿＿＿＿＿＿＿＿＿

sunny　cloudy　rainy　snowy

真弓の一言 笑顔は最高のお化粧。

31 「…と思った」
I thought …

こんなことが書けます

下線部 A、B、C はそれぞれ、下の「入れ替え表現集」の A〜C と入れ替えが可能です。

1 彼女はいい人だと思った。
I thought <u>she was nice</u>.
　　　　　　　A

2 彼はうそをついていると思った。
I thought <u>he was lying</u>.
　　　　　　　B

3 彼女はパーティーに来るだろうと思った。
I thought <u>she would come to the party</u>.
　　　　　　　　　　　C

　思ったことや感じたことは、I thought (that) ... と表します。一般的に that は省略可能です。thought は think の過去形なので、その後の動詞も過去形にします。
　①の「彼女はいい人だと思った」なら、... には she is nice ではなく、she was nice を入れます。
　②の「彼はうそをついている」の部分も、he was lying と過去の進行形にします。
　③の「…するだろうと思った」は、その時から見た未来のことなので、will ではなく、would を用います。「…しないだろう」と言うなら、wouldn't (= would not) を使います。

入れ替え表現集

[A]
あのパン屋はサイコーだ
that bakery was awesome
その店員は失礼だ
the clerk was rude
彼は頼りになる人だ
he was a reliable person
彼女はユーモアのセンスがある
she had a good sense of humor
ミーティングは長い
the meeting was long

[B]
祖母(の病状)は良くなっている
my grandma was getting better
彼女はすごく頑張っている
she was working so hard
彼は同僚とうまくやっている
he was getting along with his colleagues

[C]
雷雨になるだろう
it would be a thunderstorm
彼はいい先生になるだろう
he would be a good teacher
彼は E メールの返信をくれないだろう
he wouldn't e-mail me back
その曲は大ヒットするだろう
the song would become a smash hit

真弓の一言 Laugh off your failures.

Let's write! 日記を書こう！

「例えばこう書く」と左ページの「入れ替え表現集」を参考に日記を書いてみましょう。
1文だけでも構いませんが、余裕のある人は少し書き足してみてもいいでしょう。

例えばこう書く

12月10日　土曜日

中国語検定に合格した。落ちるだろうと思っていたので、まだ信じられない。

→

Saturday, Dec. 10

I passed the Chinese language test. I thought I would fail it. I still can't believe it.

語注 pass ...: …に合格する／fail ...: …に落ちる

Date:

sunny / cloudy / rainy / snowy

---

1 状態
2 行動
3 予定、意志
4 感想、印象
5 気持ち
6 考え

真弓の一言 失敗なんて笑い飛ばそう。

32 「なんて…だろう！、すごく…だ！」
What ...!

こんなことが書けます

下線部 A、B、C はそれぞれ、下の「入れ替え表現集」の A〜C と入れ替えが可能です。

1 なんて偶然だろう！
What a coincidence!
　　　　A

2 なんて皮肉だろう！
What an irony!
　　　B

3 なんて風の強い日だろう！
What a windy day!
　　　　　C

「なんて…だろう！」「すごく…だ！」と感嘆の気持ちを表したいときは、What ...! が便利です。... には名詞（〔A〕〔B〕）または「形容詞＋名詞」（〔C〕）が来ます。
　①の「なんて偶然だろう！」なら、... に名詞 a coincidence を入れましょう。coincidence は「偶然（の一致）」という意味です。
　②の irony（皮肉）のように、名詞が母音で始まるときは、a ではなく an にします（〔B〕）。ただし、数えられない名詞には冠詞は付けません。
　③の What a windy day!（なんて風の強い日だろう！）は、What a の後に「形容詞＋名詞」（〔C〕）を続けます。

入れ替え表現集

〔A〕
残念なこと　a shame
話　a story
奴　a guy
安心　a relief
驚き　a surprise
悲劇　a tragedy
面倒　a bother
無駄　a waste
手間　a hassle
がっかり　a letdown
図々しさ　(a) nerve
お買い得（品）　a steal

〔B〕
体験　an experience
光栄　an honor
恥　an embarrassment
熱意　enthusiasm
興奮　excitement

〔C〕
名案　a great idea
驚くような話　an amazing story
かわいい赤ちゃん　an adorable baby
頭のいい子　a smart child
思いやりのある行為　a thoughtful gesture
奇抜な服装　an unusual outfit

> 真弓の一言　A trouble shared is a trouble halved, and a joy shared is doubled.

Let's write! 日記を書こう!

「例えばこう書く」と左ページの「入れ替え表現集」を参考に日記を書いてみましょう。
1文だけでも構いませんが、余裕のある人は少し書き足してみてもいいでしょう。

例えばこう書く

11月22日　火曜日

ノリヒロが成功した起業家としてテレビに出ていた。すごくびっくり！尊敬しちゃう。

→

Tue., Nov. 22

Norihiro was on TV as a successful entrepreneur. What a surprise! I admire him.

語注 on TV: TV に出演している／successful: 成功を収めた／entrepreneur [ùːntrəprənə́ːr]: 起業家／admire …: …を尊敬する、…に感心する

Date: _____

sunny　cloudy　rainy　snowy

真弓の一言　悩みは話すと半分になるよ。幸せは分かち合うと2倍になるよ。

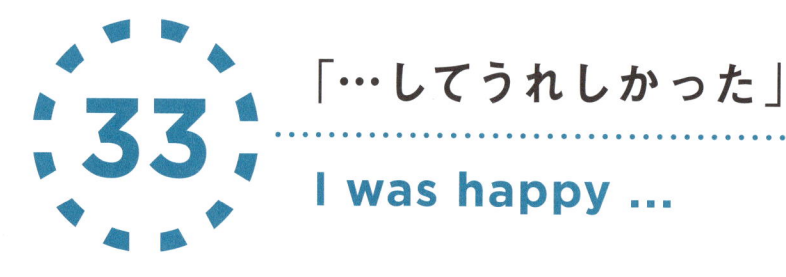

33 「…してうれしかった」
I was happy ...

こんなことが書けます

下線部 A、B はそれぞれ、下の「入れ替え表現集」の A～B と入れ替えが可能です。

1 試合に勝ってうれしかった。
I was happy <u>to win the game</u>.
　　　　　　　　　A

2 すべてがうまくいってうれしかった。
I was happy <u>everything went well</u>.
　　　　　　　　　B

3 カナエがすてきなプレゼントをくれてとてもうれしかった。
I was very happy <u>Kanae gave me a nice present</u>.
　　　　　　　　　B

うれしかった出来事やよかったと思う事柄について述べるには、I was happy ... が便利です。
「…してうれしかった」と自分の行動について言うには、①のように、I was happy ... の後に to ...（動詞の原形、〔A〕）を続けます。「試合に勝ってうれしかった」なら、to win the game を入れます。
喜びの内容は、②や③のように文の形（〔B〕）でも表せます。文の前には that が省略されています。①も I was happy I won the game. と書き換えることもできます。
うれしさを強調するには、③のように、very（really、soでも可）を happy の前に入れればOKです。

入れ替え表現集

〔A〕
会社を定時に出る
leave my office on time
彼にまた会う　see him again
そのニュースを聞く
hear the news
ジョニー・デップの新しい映画を見る
see Johnny Depp's new movie
なくした財布を見つける
find my lost wallet
旧友から連絡をもらう
hear from an old friend
夕食後においしいケーキを食べる
have delicious cake after dinner

〔B〕
今日は晴れだった
it was sunny today
昇進した　I got promoted
私の写真が賞を取った
my photo won the prize
彼女が無事出産した
she had a safe delivery
子猫の引き取り手を見つけた
we found a home for the kitten
上司がアイデアに関心を示した
my boss showed an interest in my idea
彼女が時計を褒めてくれた
she complimented me on my watch
彼が私のことを覚えていた
he remembered me

真弓の一言 Don't worry. Every tunnel has an exit.

Let's write! 日記を書こう！

「例えばこう書く」と左ページの「入れ替え表現集」を参考に日記を書いてみましょう。
1文だけでも構いませんが、余裕のある人は少し書き足してみてもいいでしょう。

例えばこう書く

3月10日　水曜日

甥っ子のジュンが試験に合格した。それを聞いてとてもうれしかった。今週末、お祝いに何かいいものを買おうっと。

→

Wednesday, March 10

My nephew Jun passed the exam. I was very happy to hear that. I'll buy him something nice as a gift this weekend.

語注 nephew: 甥／pass ...:（試験など）に合格する／exam: テスト、試験。examination の略

Date:　　　sunny　cloudy　rainy　snowy

真弓の一言　心配いらないよ。出口のないトンネルなんてないから。

34 「…に驚いた・して驚いた」
I was surprised …

こんなことが書けます

下線部 A、B、C はそれぞれ、下の「入れ替え表現集」の A ～ C と入れ替えが可能です。

1 その値段に驚いた。
I was surprised at <u>the price</u>.
　　　　　　　　　　A

2 彼のメールを読んで驚いた。
I was surprised to <u>read his e-mail</u>.
　　　　　　　　　　　B

3 アイコがうちの妹を知っていたので驚いた。
I was surprised <u>Aiko knew my sister</u>.
　　　　　　　　　　C

驚きは、I was surprised ... で表すことができます。
①の「…に驚いた」は、I was surprised at ... で表せます。... には the price（値段）などの名詞（〔A〕）が入ります。
②のように、自分の行動について「…して驚いた」と言うなら、surprised の後に to ...（動詞の原形、〔B〕）を続けます。
③のように、... に文（〔C〕）を入れれば、「…だったので驚いた」と、過去の驚きを表現することができます。「アイコがうちの妹を知っていたので驚いた」なら、... に Aiko knew my sister を入れればいいですね。

入れ替え表現集

〔A〕
家の大きさ
the size of the house
彼の無礼さ　his rudeness
彼女の優しさ　her kindness
請求書の料金
the charge on the bill
騒音　the noise

〔B〕
あんな高価なプレゼントをもらう
receive such an expensive present
彼の秘密を知る
find out his secret
彼女の若いときの写真を見る
see pictures from her youth

図書館で彼に偶然出会う
run into him at the library
賞を受賞する　win the award

〔C〕
彼はまだ 16 歳だった
he was still only 16
彼女が父を知っていた
she knew my father
後ろにパトカーがいた
a police car was behind me
犬がほえてきた
the dog barked at me
雨が降ってきた
it started raining

真弓の一言 Follow your heart.

Let's write! 日記を書こう！

「例えばこう書く」と左ページの「入れ替え表現集」を参考に日記を書いてみましょう。
1文だけでも構いませんが、余裕のある人は少し書き足してみてもいいでしょう。

例えばこう書く

2011年9月29日

パーティーである女性と出会った。彼女の年齢を聞いて驚いた。30歳ぐらいかと思ったら、実際は46歳だった！ とても若く見えた。

→

Sept. 29, 2011

I met a woman at a party. I was surprised to hear her age. I thought she was about 30, but actually she was 46! She looked much younger.

語注 meet ...: …と出会う。met は過去形／at a party: パーティーで／I thought ...: …と思った（→ P. 86）。thought は think の過去形／actually: 実は／look ...: …に見える／much: ずっと

Date: _____   ☀ sunny　☁ cloudy　☂ rainy　⛄ snowy

真弓の一言 自分の気持ちに正直に。

35 「…にがっかりした・してがっかりした」
I was disappointed ...

こんなことが書けます

下線部 A、B はそれぞれ、下の「入れ替え表現集」の A～B と入れ替えが可能です。

1 結果にがっかりした。
I was disappointed with <u>the result</u>.
　　　　　　　　　　　　A

2 成績にすごくがっかりした。
I was very disappointed with <u>my grades</u>.
　　　　　　　　　　　　　　　A

3 レストランが閉まっていてがっかりした。
I was disappointed <u>the restaurant was closed</u>.
　　　　　　　　　　　B

がっかりしたことや残念に思ったことは、I was disappointed ... で表します。
「…にがっかりした」と言う場合は、①②のように I was disappointed with ... で表します。with の後には名詞（[A]）を入れます。ちなみに「…（人）に失望した」と言う場合は、I was disappointed in him.（彼にはがっかりした）と、with を in にします。
「すごくがっかりした」と言いたいときには、②のように、disappointed の前に強調を表す語 very（really や so でも OK）を入れます。
がっかりした内容は、③のように文の形（[B]）でも入れられます。文の前では that が省略されています。

入れ替え表現集

[A]
新しいスーパー
the new supermarket
映画の結末
the ending of the movie
自分の会社
my company
スコア
the score
店員の態度
the salesclerk's attitude
…（店）のサービス
the service at ...
発表　the announcement

[B]
お気に入りのセーターに穴があいた
my favorite sweater got a hole in it
彼がお礼を言わなかった
he didn't say thank you
新しい靴が雨に濡れた
my new shoes got wet in the rain
この本がそんなに面白くなかった
this book wasn't so interesting
チケットがすべて売り切れた
all the tickets were sold out
電車の切符をなくした
I lost my train ticket
彼女が夕食に来られなかった
she couldn't come over for dinner

（真弓の一言）It's never too late to start over.

Let's write! 日記を書こう!

「例えばこう書く」と左ページの「入れ替え表現集」を参考に日記を書いてみましょう。
1文だけでも構いませんが、余裕のある人は少し書き足してみてもいいでしょう。

例えばこう書く

10月13日　木曜日

シャキーラのコンサートチケットを入手しようと思って電話をかけた。すべて売り切れですごくがっかりした。

→

Thu., Oct. 13

I called to get tickets to the Shakira concert. I was so disappointed all the tickets were sold out.

語注 call: 電話をかける／be sold out: 完売する。「…を売り切る」という意味の sell out を、受身にした形

Date: _____

sunny / cloudy / rainy / snowy

真弓の一言 やり直すのに遅すぎることはない。

36 「まるで…のようだった」
It was like …

こんなことが書けます

下線部 A、B はそれぞれ、下の「入れ替え表現集」の A 〜 B と入れ替えが可能です。

1 まるで夢のようだった。
It was like <u>a dream</u>.
　　　　　　　A

2 まさに映画のようだった。
It was just like <u>a movie</u>.
　　　　　　　　　A

3 外国語を聞いているみたいだった。
It was like <u>listening to a foreign language</u>.
　　　　　　B

物や出来事を、「まるで…のようだった」と何かに例えるときは、It was like … が便利です。… には名詞（〔A〕）や動名詞（動詞の -ing 形、〔B〕）を入れます。
①のように「まるで夢のようだった」と言いたいなら、… に a dream を入れて、It was like a dream. とします。
②のように just を like の前に置くと、「まさに…のようだった」と強調することができます。
… に動詞の -ing 形（動名詞）を入れた③は、「まるで…をしているかのようだった」という意味です。「外国語を聞いているかのようだった」なら、It was like listening to a foreign language. です。

入れ替え表現集

〔A〕
悪夢　　a nightmare
お城　　a castle
魔法　　magic
おとぎ話　　a fairy tale
SF 映画　　a sci-fi movie
つくり話　　a made-up story
実話　　a real story
休日　　a holiday
迷路　　a maze
滝　　a waterfall
天国　　heaven
地獄　　hell
パレード　　a parade
ダイヤモンド　　a diamond
造花　　an artificial flower
本物の毛皮　　real fur

〔B〕
パーティーをしている
having a party
自宅でくつろいでいる
relaxing at my own home
奇跡を目の当たりにしている
witnessing a miracle
知らない人に話し掛けている
talking to a stranger
トンネルの中を歩いている
walking through a tunnel

真弓の一言　You're fabulous just being you.

Let's write! 日記を書こう！

「例えばこう書く」と左ページの「入れ替え表現集」を参考に日記を書いてみましょう。
1文だけでも構いませんが、余裕のある人は少し書き足してみてもいいでしょう。

例えばこう書く

2011年1月3日

ケベックでシャトー・フランテナクに泊まった。とても大きなホテルで、迷ってしまった。まるで迷路のようだった。

→

January 3, 2011

I stayed at the Chateau Frontenac in Quebec. It was a big hotel and I got lost. It was like a maze.

語注 Chateau ...: …城。フランス語／Quebec: ケベック。カナダ東部の州／get lost: 道に迷う。got は get の過去形／maze: 迷路、迷宮

Date: _____

sunny　cloudy　rainy　snowy

真弓の一言 自分らしくしている君がステキ。

37 「—は思ったより…だった」
— was ... than I thought

こんなことが書けます

下線部 A、B、C はそれぞれ、下の「入れ替え表現集」のA～Cと入れ替えが可能です。

1 映画は思ったより長かった。
The movie was **longer** than I thought.
　　　　　　　　　　A

2 レストランは思ったより高級だった。
The restaurant was **more expensive** than I thought.
　　　　　　　　　　　　　　B

3 彼の料理は思ったより上手だった。
His cooking was **better** than I thought.
　　　　　　　　　　C

「思ったより…だった」という感想は、— was ... than I thought で表すことができます。— には物や事を表す名詞を、... には形容詞の比較級を入れます。
　①の「映画は思ったより長かった」なら ... に long（長い）の比較級 longer を入れて、The movie was longer than I thought. とします。
　②の expensive（高い）のような長い単語の比較級は、前に more（より…な）や less（より…でない）を付けます。
　③の better は good の比較級です。gooder や more good などとしないよう注意しましょう。「（より）良くない」と言うなら less good ではなく worse です。

入れ替え表現集

[A]
（より）気の利いた　smarter
（より）軽い・気楽な　lighter
（より）感傷的な　mushier
（より）奥が深い　deeper
（より）怖い　scarier
（より）重苦しい　heavier
（より）騒々しい　louder
（より）短い　shorter

[B]
（より）高くない　less expensive
（より）手頃な　more reasonable
（より）込んでいる
more crowded [kráudid]
（より）込んでいない　less crowded

（より）居心地のいい
more comfortable
（より）居心地の良くない
less comfortable
（より）洗練された
more sophisticated [səfístəkèitid]
（より）洗練されていない
less sophisticated
（より）気軽な　more casual
（より）くつろげる　more relaxing

[C]
ずっと良い・（より）おいしい
much better
少しまし　a little better
（より）ひどい・まずい　worse
ずっとひどい　much worse

真弓の一言 Don't give up too easily.

Let's write! 日記を書こう！

「例えばこう書く」と左ページの「入れ替え表現集」を参考に日記を書いてみましょう。
1文だけでも構いませんが、余裕のある人は少し書き足してみてもいいでしょう。

例えばこう書く

5月25日　水曜日

新しいスーパーに行ってみた。思ったより込んでいなかった。また同じ時間帯に行ってみよう。

→

Wednesday, May 25

I tried the new grocery store. It was less crowded than I thought. I should go back again around the same time.

語注 I tried ...: …に行ってみた（→ P. 36）／grocery store: スーパー、食料雑貨品店／around the same time: 同じ時間帯に、同じころに

Date:　　　　　　　　　　sunny　cloudy　rainy　snowy

真弓の一言 簡単にあきらめないで。

38 「—は思ったほど…ではなかった」
— was not as ... as I thought

こんなことが書けます

下線部 A、B、C はそれぞれ、下の「入れ替え表現集」の A〜C と入れ替えが可能です。

1 そのグリーンカレーは思ったほどおいしくなかった。
The green curry was not as <u>delicious</u> as I thought.
　　　　　　　　　　　　　　　　　A

2 講義は思ったほど難しくなかった。
The lecture was not as <u>hard</u> as I thought.
　　　　　　　　　　　　　B

3 その式典は思ったほど大規模ではなかった。
The ceremony was not as <u>large-scale</u> as I thought.
　　　　　　　　　　　　　　　　C

想像や予測と比べて「思ったより…だった」という感想は、直前の P. 98〜99 で学習しましたが、「思ったほど…ではなかった」という感想は、— was not as ... as I thought で表現することができます。… には形容詞を入れます。

① の「思ったよりおいしくなかった」のような失望だけでなく、満足や、取り越し苦労にほっとしたときにも使えます。

② の hard（難しい）は、difficult と入れ替えても同じ意味を表現できますが、hard のほうが口語的です。

③ の「思ったほど大規模ではなかった」は、… に large-scale を入れます。

入れ替え表現集

〔A〕
まずい　bad
特別な　special
辛い　hot、spicy
塩辛い　salty
脂っこい　greasy
健康的な　healthy
衝撃的な　sensational
味わい深い　flavorful

〔B〕
良い　good
基礎の　basic
刺激的な　stimulating
実践的な　practical
説得力のある　convincing
ためになる　instructive

得るところの多い　informative
役立つ　helpful
きちんとまとまっている　well-organized
人気のある　popular

〔C〕
上出来の　successful
計画的な　well-planned
盛況の　crowded
堅苦しい　formal
短時間の　brief

真弓の一言　Thanks for sharing your happiness with me.

Let's write! 日記を書こう!

「例えばこう書く」と左ページの「入れ替え表現集」を参考に日記を書いてみましょう。
1文だけでも構いませんが、余裕のある人は少し書き足してみてもいいでしょう。

例えばこう書く

2月12日　土曜日

7年ぶりに妹と北海道へ行った。思ったほど寒くなかった。イクラ丼がとても新鮮でおいしかった。

→

Sat., Feb. 12

My sister and I went to Hokkaido for the first time in seven years. It was not as cold as I thought. The salmon roe bowl was really fresh and good.

語注 ... for the first time in ~: ~ぶりに…した (→ P. 42) ／ salmon roe: イクラ。roe〔róu〕は「魚の卵」の意／bowl: 深い鉢、丼／fresh: 新鮮な

Date: ＿＿＿＿＿＿＿＿＿＿＿＿　　　sunny　cloudy　rainy　snowy

真弓の一言　幸せを分けてくれてありがとう。

発想を転換して、脱・直訳！
ライティング力UP講座 4

主語のあいまいさや和製英語など、そのまま英語にしようとすると引っ掛かってしまう、日本語ならではのトラップがあります。代表的なものを攻略法と共に紹介します。

CASE 1　会社員／ユカさんの場合

書きたいこと

9月13日　火曜日

ドリカムのライブチケットが当たった！ なかなか取れないチケットだから超感激！ 何て運がいいんだろう！

ここでつまずく！
「なかなか取れないチケット」とか「何て運がいいんだろう！」とか、英語にするのが難しそう！

こう書く →

Tuesday, September 13

I won a ticket to the Dreams Come True concert. I was very happy to get it because their tickets are really hard to get! What luck!

語注　win ...：（くじなどが）当たる、（努力によって）得る、（試合などに）勝つ。won は win の過去形

1 文目の I won a ticket to the Dreams Come True concert. に注目してみましょう。won は win の過去形です。win には「（試合など）に勝つ、（努力によって）得る」などの意味がありますが、「（くじなどが）当たる」という意味にも使えます。I won a lottery.（宝くじに当たった）という具合です。

「なかなか取れないチケットだから超感激」は、「チケットが取れてすごくうれしい」と考え、I was happy ...（…してうれしかった　→ P. 90）を使ってみましょう。I was very happy to get it. の to get it は省略しても OK。I was very happy の代わりに I was very excited でもいいですね。

「なかなか取れないチケット」は、「彼ら（ドリカム）のチケットは取るのがとても大変だ」と文の形にして考えてみると、their tickets are really hard to get とやさしい英語で表すことができます。

「なんて運がいいんだろう！」は What ...！（なんて…だろう！　→ P. 88）を使えば、What luck! のたった2語で、その興奮まで伝えることができます。P. 88 の例文では、What a ...!、What an ...! と冠詞が付いていますが、luck は数えることができない名詞なので、a も an も必要ありません。

ちなみに、What luck! は、「何て運が悪いの！」という意味にもなります。

CASE 2　会社員／マリさんの場合

書きたいこと

11月14日　月曜日

今日は英会話があった。たまたまクラスメートが全員休みだったので、先生とマンツーマンの授業だった。ちょっと緊張したけど、いつもより多く話すことができて楽しかった。

ここでつまずく！
「今日は英会話」の主語は？　「たまたま」「マンツーマン」はなんと英語にしたらいいだろう。

こう書く

Monday, November 14

I had an English lesson today. All my classmates were absent, so I had a one-on-one lesson. I was a little nervous, but I was happy to talk with my teacher a lot.

語注　English lesson: 英語のレッスン／absent: 欠席して／one-on-one: 一対一の／nervous: 緊張する

　「今日は英会話があった」は、主語を「今日」としてしまいそうですが、英会話のレッスンを受けたのは「私」なので、「私が英会話のレッスンを受けた」と考えましょう。「受けた」は have の過去形 had を使って、I had an English lesson today. と表します。

　「たまたま」を英語でどう表せばよいか迷ったら取ってしまっても OK です。「クラスメートが全員休みだった」としても意味は大きく変わりません。「授業を欠席した」と言う場合は、absent（欠席して）を使います。

　英語では man-to-man（マンツーマン）は、バスケットボールなどで相手を一対一でマークするときなどに使うのが一般的です。英会話指導などでの「マンツーマン」は one-on-one と表現します。カタカナ英語は和製英語の場合も多いので、使う前に辞書で確認するといいですね。

　「いつもより多く話すことができた」は、比較級を使うのかな？、と思ったかもしれませんが、単に「多く話した」と表せば十分です。また、日本語には「誰と」に当たる言葉が書かれていませんが、英語では、with my teacher（先生と）と、誰と話したかを書きましょう。ここでは、「楽しかった」を I was happy to...（→ P.90）としていますが、シンプルに I enjoyed it. や I had a good time. などと表しても OK です。

column

今どきのボキャビル術　②インターネット編

インターネットを気軽に使える環境にある人は、英語学習にもどんどん活用しましょう。ここでは特に目的をボキャビルに絞って、入門レベルの活用術を紹介します。

すでにオンライン辞書・事典を利用している人も多いことでしょう。検索エンジン（Yahoo! JAPAN、Google など）で、検索窓に「オンライン辞書」と入力し検索すると、検索結果に複数の候補がヒットします。いくつか試してみて、相性のいい英和・和英辞書を見付けたら、「お気に入り」に登録しておくといいですね。

検索エンジンを使えば、ネイティブ・スピーカーが、ある単語やフレーズを実際にどう使っているのか、その豊富な用例にアクセスすることができます。単語の場合は、検索窓に入力し、検索を実行すれば OK。フレーズの場合は、対象のフレーズを半角の二重引用符（""）で囲む「フレーズ検索」が便利です。例えば、「expensive present」なら「"expensive present"」（「」は含みません）と入力します。動詞の場合は、原形だけでなく、異なる時制でも検索してみましょう。「find out」なら「"find out"」や「"found out"」という具合です。

検索結果は、英語だからといって、すべてネイティブが書いたものとは限りません。この点には注意が必要です。

chapter_05

気持ち

日常における喜怒哀楽、好き嫌い、
願望を日記に盛り込んでみましょう。
日記を生き生きとさせる、「気持ち」を表現する構文を学びます。

39 「…でよかった（と思う）・うれしい」
I'm glad …

こんなことが書けます

下線部はそれぞれ、下の「入れ替え表現集」の語句と入れ替えが可能です。

1 雨が降らなくてよかった（と思う）。
  I'm glad it didn't rain.

2 彼が私に真実を話してくれて本当にうれしい。
  I'm really glad he told me the truth.

3 彼女が僕の誕生日を覚えていてくれて、うれしかった。
  I was glad she remembered my birthday.

ある状況や結果に対するうれしさや安ど感を表現するには、I'm glad (that) ... を使うと便利です。具体的な内容は I'm glad の後に文の形で入れますが、一般的に that は省略します。

例えば①の「雨が降らなくてよかった」なら、it didn't rain（雨が降らなかった）を入れて、I'm glad it didn't rain. とします。

「…で本当によかった」や「…でとてもうれしい」と強調する場合は、②のように glad の前に really や so、very を入れましょう。

また、③のように、ある出来事が起きた時に「うれしかった」と言う場合は、I was glad ... と過去形にします。

入れ替え表現集

あきらめなかった　I didn't give up
お母さんが私からのプレゼントを気に入ってくれた　Mom liked my present
彼が私に電話をくれた　he called me
彼女が私を手伝ってくれた　she helped me
彼の就職が決まった　he got a job
彼女の病状が良くなった　she got well<better>
時間に間に合った　I made it on time
危険な状態でなかった　it wasn't serious
半額だった　it was 50 percent off
それを買うお金を持っていた　I had enough money to buy it
彼に私の英語が通じた　he understood my English
薬局が近くにあった　there was a pharmacy nearby

真弓の一言　You can't live a positive life with a negative mind. (訳は右ページ)

Let's write! 日記を書こう！

「例えばこう書く」と左ページの「入れ替え表現集」を参考に日記を書いてみましょう。
1文だけでも構いませんが、余裕のある人は少し書き足してみてもいいでしょう。

例えばこう書く

4月18日　月曜日

今日は妹の誕生日だった。ネックレスをあげた。気に入ってくれてよかった。

→

Monday, April 18

It was my sister's birthday today. I gave her a necklace. I'm glad she liked it.

語注　necklace: ネックレス

Date: _____

sunny　cloudy　rainy　snowy

（記入欄）

真弓の一言　マイナス思考ではポジティブな人生は送れない。

40 「…が楽しみだ」
I'm excited about ...

こんなことが書けます

下線部 A、B はそれぞれ、下の「入れ替え表現集」の A ～ B と入れ替えが可能です。

1 ハロウィーンパーティーが楽しみだ。
I'm excited about <u>the Halloween party.</u>
　　　　　　　　　　　A

2 ジュンコの結婚式がとても楽しみだ。
I'm so excited about <u>Junko's wedding.</u>
　　　　　　　　　　　A

3 来週、パリへ行くのが楽しみだ。
I'm excited about <u>going to Paris</u> next week.
　　　　　　　　　B

「…が楽しみだ」とワクワクした気持ちを述べるには、I'm excited about ... を用います。
①の「ハロウィーンパーティーが楽しみだ」なら、... に the Halloween party などの名詞（〔A〕）を入れます。
楽しみな気持ちを強調するには、②のように、excited の前に so や really、very などを入れます。
「…するのが楽しみだ」は、③のように、about の後に動詞の -ing 形（〔B〕）を続けましょう。「パリへ行くのが楽しみだ」なら、I'm excited about going to Paris. となります。「時」を表す next week（来週）は、文末に持ってきます。

入れ替え表現集

〔A〕
サッカーの試合　the soccer game
彼らの訪問　their visit
クリスマス　Christmas
高校の同窓会　my high school reunion
夏休み　summer vacation
地元の祭り　the local festival
新しい家電量販店　the new electronics retail store
鉄道の旅　the train journey
新居　my new place

〔B〕
新しいドレスを着る　wearing my new dress
映画を見る　seeing the movie
甥を訪ねる　visiting my nephew
新年会に行く　going to the New Year's party
父とゴルフをする　playing golf with my father
東京モーターショーに行く　going to the Tokyo Motor Show
両親をリゾートホテルに連れて行く　taking my parents to a resort hotel
友人が遊びに来る　having my friends over

真弓の一言　Compliment yourself. You know your best qualities.

Let's write! 日記を書こう!

「例えばこう書く」と左ページの「入れ替え表現集」を参考に日記を書いてみましょう。
1文だけでも構いませんが、余裕のある人は少し書き足してみてもいいでしょう。

例えばこう書く

2011年8月7日

高校の同窓会がとても楽しみ！何を着ようかな。オノダ先生もいらっしゃるそうだ。

→

August 7, 2011

I'm really excited about my high school reunion! What should I wear? I heard Ms. Onoda will be there, too.

語注 reunion: 再会の集い。high school reunion で「高校の同窓会」の意味／What should I ...（動詞の原形）?: 何を…したらいいかな／I heard ...: …だと聞いた・そうだ（→ P. 16）／Ms. [mɪz]: …先生、…さん。女性に対する敬称。未婚・既婚にかかわらず使える

Date: ＿＿＿＿＿＿＿＿＿＿＿＿＿＿＿＿

sunny cloudy rainy snowy

真弓の一言 自分を褒めてあげて。いいところ、わかってるでしょ？

41 「…が待ち遠しい、早く…したい」
I can't wait ...

こんなことが書けます　下線部 A、B、C はそれぞれ、下の「入れ替え表現集」の A 〜 C と入れ替えが可能です。

1 コンサートが待ち遠しい。
I can't wait for **the concert.**
　　　　　　　　　A

2 ヒロシが来るのが待ち遠しい。
I can't wait for **Hiroshi to come.**
　　　　　　　　　B

3 姉の生まれたばかりの赤ちゃんに早く会いたい。
I can't wait to **see my sister's newborn baby.**
　　　　　　　　　C

　I can't wait ... は直訳すれば「待つことができない」ですが、これで「…が待ち遠しい」や「早く…したい」というニュアンスになります。
　「…が待ち遠しい」なら、①のように I can't wait for ... に the concert（コンサート）などの名詞を入れましょう。
　②の Hiroshi to come のように、for の後の名詞に to ...（動詞の原形）を続けて、「〜（名詞）が…するのが待ち遠しい」と表すこともできます。
　「早く…したい」は、③のように I can't wait to ...（動詞の原形）を使いましょう。I can't wait.（待ち遠しいな）だけでも OK です。

入れ替え表現集

〔A〕
週末の旅行　the weekend trip
次のオリンピック
the next Olympics
パーティーの写真
the pictures from the party

〔B〕
梅雨が終わる
the rainy season to end
春が来る　spring to come
桜が咲く
the cherry blossoms to bloom
彼女が職場復帰する
her to return to work
今学期が終わる
this semester to end

〔C〕
新しいプールで泳ぐ
swim in the new swimming pool
新しい枕で寝る
sleep on my new pillow
今週の土曜日、バーベキューに行く
go to the barbecue this Saturday
新車を運転する
drive my new car
着物を着る　wear a *kimono*
また京都を訪れる
visit Kyoto again
仕事の後で１杯飲む
get a drink after work

真弓の一言　No experience is useless in life.

Let's write! 日記を書こう！

「例えばこう書く」と左ページの「入れ替え表現集」を参考に日記を書いてみましょう。
1文だけでも構いませんが、余裕のある人は少し書き足してみてもいいでしょう。

例えばこう書く

4月11日　月曜日

着物を買った。とてもきれいだ。早く着たいな。

→

Monday, April 11

I bought a *kimono*. It's gorgeous. I can't wait to wear it.

語注　buy... : …を買う。bought は過去形／gorgeous: 華やかな、豪華な／wear... : …を身に着ける

Date: _____

☀ sunny　☁ cloudy　☂ rainy　💡 snowy

_____

_____

_____

_____

_____

真弓の一言　人生においてムダな経験はない。

42 「…（するの）が楽しみだ」
I'm looking forward to ...

こんなことが書けます

下線部 A、B はそれぞれ、下の「入れ替え表現集」の語句 A 〜 B と入れ替えが可能です。

1 旅行がすごく楽しみだなぁ。
I'm looking forward to <u>the trip</u>.
　　　　　　　　　　　　　　A

2 久しぶりのデートがすごく楽しみだなぁ。
I'm really looking forward to <u>our first date in a while</u>.
　　　　　　　　　　　　　　　　　　　　　A

3 明日、いとこたちに会うのが楽しみだなぁ。
I'm looking forward to <u>seeing my cousins tomorrow</u>.
　　　　　　　　　　　　　　　　　B

「…（するの）が楽しみだ」と言いたい場合は、I'm looking forward to ... が便利です。... には名詞（〔A〕）または動詞の -ing 形（〔B〕）が入ります。

①の「旅行が楽しみだなぁ」なら、... に the trip（旅行）という名詞を入れて I'm looking forward to the trip. とすれば OK。

待ち切れない気持ちを強調するには、②のように、looking の前に really や very much を置いて、I'm really＜very much＞ looking forward to ... とします。

一方、③の「会うのが楽しみだ」のように「…することが楽しみだ」と言う場合には、to の後に動詞の -ing 形を用います。

入れ替え表現集

〔A〕
彼女からの手紙　her letter
結婚記念日　our wedding anniversary
野外フェスティバル　the outdoor festival
試合　the game
新連続ドラマ　the new drama series
クラス会　the class reunion
ビヨンセの新曲　Beyonce's new song
姪の誕生日　my niece's birthday
パーティー　the party

〔B〕
本物のゴッホ作品を見る　seeing some real works by Van Gogh
注文した品物が届く　receiving my order
新車に乗る　driving my new car
友達とルームシェアをする　sharing a room with my friend
来年から一人暮らしをする　living on my own next year
子どもの授業参観に行く　visiting my child's school
奈良でお寺巡りをする　traveling to the temples in Nara

> 真弓の一言　Make a scenario of your ideal life. It'll come true.

Let's write! 日記を書こう！

「例えばこう書く」と左ページの「入れ替え表現集」を参考に日記を書いてみましょう。
1文だけでも構いませんが、余裕のある人は少し書き足してみてもいいでしょう。

例えばこう書く

10月26日　水曜日

ミキが30日の夕食に誘ってくれた。彼女のオーストラリア人の友達も来る。すごく楽しみだなぁ。

→

Wed., Oct. 26

Miki invited me to dinner on the 30th. Her friends from Australia are coming, too. I'm very much looking forward to it.

語注 invite ... to 〜: …（人）を〜に招待する／Australia: オーストラリア

Date: _____

sunny　cloudy　rainy　snowy

真弓の一言　理想的な人生のシナリオを作ってごらん。現実になるから。

113

43 「…が心配だ・ではないかと心配だ」
I'm worried …

こんなことが書けます

下線部 A、B はそれぞれ、下の「入れ替え表現集」の語句 A〜B と入れ替えが可能です。

1 将来が心配だ。
I'm worried about <u>my future</u>.
　　　　　　　　　　A

2 うちの子どもたちのことが少し心配だ。
I'm a little worried about <u>my kids</u>.
　　　　　　　　　　　　　　A

3 彼女が何か問題を抱えているのではないかと心配だ。
I'm worried <u>she's having some trouble</u>.
　　　　　　　　　　B

　心配事には、I'm worried … を用います。「…が心配だ」なら、I'm worried about … とします。… には my future や my kids などの具体的な名詞（[A]）が入ります。
　②のように、worried の前に a little（少し）や very（とても）を入れれば、どのくらい心配なのかを表すことができます。kids（子どもたち）は、children のくだけた言い方です。
　③の「…ではないかと心配だ」は、I'm worried (that) … となり、… には文（[B]）が入ります。that は省略できます。「彼女が何か問題を抱えているのではないかと心配だ」なら、she's having some trouble を入れましょう。

入れ替え表現集

[A]
アレルギー　my allergies
花粉の季節　the pollen season
彼　him
コンピューターウイルス
computer viruses
紫外線　ultraviolet rays
試験の結果　the test results
道の込み具合　the traffic
台風　the typhoon
地球温暖化　global warming
道路の雪　the snow on the road
健康診断の結果
the results of my physical
老後　my old age
景気　the economy

[B]
虫歯がある
I have a cavity
大きな間違いを犯している
I'm making a big mistake
彼女は一人で暮らすには若過ぎる
she's too young to live alone
飼い猫が家具を傷付ける
my cat will ruin my furniture
車が壊れる
my car will break down
パソコンがクラッシュする
my computer will crash
車酔いをする　I will get carsick
寝坊する　I will oversleep

（真弓の一言）It's OK to fail. Just keep trying.

Let's write! 日記を書こう！

「例えばこう書く」と左ページの「入れ替え表現集」を参考に日記を書いてみましょう。
1文だけでも構いませんが、余裕のある人は少し書き足してみてもいいでしょう。

例えばこう書く

2月1日　火曜日

ヒデユキがインフルエンザにかかった。彼のことが心配だ。明日、様子を見に寄ったほうがいいかも。

→

Tue., February 1

Hideyuki got the flu. I'm worried about him. Maybe I should stop by to check on him tomorrow.

語注 flu: インフルエンザ／Maybe I should ...: …したほうがいいかも（→ P. 72）／stop by: 立ち寄る／check on ...: …の様子を見る

Date: ＿＿＿＿＿＿＿＿＿＿＿＿　sunny / cloudy / rainy / snowy

真弓の一言 失敗しても挑戦し続ければいい。

44 「…したいなぁ」
I want to ...

こんなことが書けます

下線部 A、B はそれぞれ、下の「入れ替え表現集」の A 〜 B と入れ替えが可能です。

1 長期休暇を取りたいなぁ。
I want to <u>take a long vacation</u>.
　　　　　　　　A

2 すごくイタリアに行きたいなぁ。
I really want to <u>visit Italy</u>.
　　　　　　　　　　A

3 明日は仕事に行きたくないなぁ。
I don't want to <u>go to work tomorrow</u>.
　　　　　　　　　　B

「…したいなぁ」という希望や願望は、I want to …（動詞の原形）で表します。
例えば①の「長期休暇を取りたいなぁ」なら、want to の後に take a long vacation（長期休暇を取る）を続けます。
②のように「すごく…したいなぁ」という強い願望は、want の前に really（すごく）を入れます。
「…したくないなぁ」と言うときは、don't want to …（動詞の原形）を用います。③の「明日は仕事に行きたくないなぁ」なら、I don't want to go to work tomorrow. となりますね。また、「…したかったなぁ」は want を過去形にして I wanted to …（動詞の原形）で OK です。

入れ替え表現集

[A]
一日休む　take a day off
子犬を飼う　get a puppy
温泉に行く　go to a hot spring
ハイキングに行く　go hiking
海外旅行をする　travel abroad
飲みに行く　go out for a drink
髪を切る　get a haircut
授業を休む　skip the class
花見に行く　go cherry blossom viewing
のんびりする　take it easy
陶芸を習う　learn pottery

[B]
ジムに通う　go to the gym
スーツを着る　wear a suit
プレゼンをする　make a presentation
夜勤をする　work (on) the night shift
休日出勤をする　work on holidays
風呂掃除をする　clean the bathtub
試験を受ける　take the exam
飛行機で旅行する　travel by air
残業をする　work overtime

（真弓の一言）Don't worry. You can do it.

Let's write! 日記を書こう！

「例えばこう書く」と左ページの「入れ替え表現集」を参考に日記を書いてみましょう。
1文だけでも構いませんが、余裕のある人は少し書き足してみてもいいでしょう。

例えばこう書く

6月16日　木曜日

最近、とても疲れている。たまにはのんびりしたいなぁ。

→

Thursday, June 16

I'm very tired these days. I want to take it easy once in a while.

語注 these days: 最近／once in a while: たまには

Date: ＿＿＿＿＿＿＿＿＿＿

sunny　cloudy　rainy　snowy

真弓の一言　大丈夫。あなたならできる。

45 「…できるようになりたい」
I want to be able to …

こんなことが書けます

下線部はそれぞれ、下の「入れ替え表現集」の語句と入れ替えが可能です。

1 100メートル泳げるようになりたい。
I want to be able to <u>swim 100 meters</u>.

2 絶対にイタリア語を話せるようになりたい。
I really want to be able to <u>speak Italian</u>.

3 ノブコのように料理が上手になりたい。
I want to be able to <u>cook well</u> like Nobuko.

I want to …（動詞の原形）は「…したい」と願望を表すおなじみの表現ですが、I want to be able to …（動詞の原形）にすると、「…できるようになりたい」という意味になります。I want to can … とは言えません。be able to …（動詞の原形）は、「…できる」という意味です。
　① の「100メートル泳げるようになりたい」なら、… に swim 100 meters を入れます。
　②のように、want の前に really（本当に、絶対に）を入れると、その思いを強調することができます。
　③の「ノブコのように」と言うときは、like …（人）を文末に加えましょう。

入れ替え表現集

一人で海外旅行をする　travel abroad by myself
字幕なしで映画を見る　watch movies without subtitles
英語で本を読む　read books in English
英語を流ちょうに話す　speak fluent English
多言語を話す　speak lots of languages
絵を描く　draw pictures
作曲をする　compose music
上手に歌う　sing well
馬に乗る　ride a horse
10キロ走る　run 10 kilometers
バンを運転する　drive a van
バリバリ働く　work energetically
時間を効率的に使う　use my time efficiently
健康的な生活を送る　lead a healthy life
率直に物を言う　talk straight
ノーと言う　say "no"
のんきに構える　take things easy

真弓の一言　There is magic in your smile.

Let's write! 日記を書こう！

「例えばこう書く」と左ページの「入れ替え表現集」を参考に日記を書いてみましょう。
1文だけでも構いませんが、余裕のある人は少し書き足してみてもいいでしょう。

例えばこう書く

8月21日　日曜日

友人たちとカラオケに行った。ミエコは歌がすごく上手だった。彼女のようにうまく歌えるようになりたいな。

→

Sunday, August 21

I went to karaoke with some friends. Mieko was a great singer. I want to be able to sing well like her.

語注 I went to ...: …へ行った（→ P. 32）／well: 上手に

Date: _____

sunny / cloudy / rainy / snowy

真弓の一言　君の笑顔には不思議な力があるよね。

46 「〜に…してほしい」
I want 〜 to …

こんなことが書けます

下線部 A、B はそれぞれ、下の「入れ替え表現集」の A 〜 B と入れ替えが可能です。

1 サラにパーティーに来てほしいなぁ。
I want Sarah to <u>come to the party</u>.
　　　　　　　　　　A

2 彼に家まで車で送ってほしかったなぁ。
I wanted him to <u>drive me home</u>.
　　　　　　　　　　A

3 彼女にアメリカへ引っ越してほしくなかったなぁ。
I didn't want her to <u>move to the U.S.</u>
　　　　　　　　　　　　B

他人に対する願望、「〜に…してほしい」を表すには、I want 〜（人）to …（動詞の原形）を用います。
①の「サラにパーティーに来てほしい」なら、〜 に Sarah、… に come to the party を入れれば OK です。
②の「〜に…してほしかった」は、want を過去形の wanted にします。drive（≪車を≫運転する）は、drive …（人）home で「…を家まで車で送る」という意味になるので覚えておきましょう。
③「〜に…してほしくない」は、don't want 〜 to …、「〜に…してほしくなかった」は、didn't want 〜 to … で表します。

入れ替え表現集

〔A〕
（私と）一緒に来る
come along with me
（私に）お金を貸す
lend me money
（私の）宿題を手伝う
help me with my homework
（私の）家事を手伝う
help me with the housework
私のことを許す　forgive me
夕食を作る　make dinner
（私を）そっとしておく
leave me alone
ほかの人たちに優しくする
be nice to others
物事の明るい面に目を向ける
look at the bright side of things

〔B〕
遅れてくる　come late
私たちに八つ当たりする
take it out on us
自分自身を責める
blame herself
うわさ話を広める
spread the gossip
私のためにそんなにお金を使う
spend so much money on me
そんな個人的な質問をする
ask such a private question

真弓の一言 Give it 100 percent every day.

Let's write! 日記を書こう！

「例えばこう書く」と左ページの「入れ替え表現集」を参考に日記を書いてみましょう。
1文だけでも構いませんが、余裕のある人は少し書き足してみてもいいでしょう。

例えばこう書く

2011年7月20日

隣の人がうるさい。彼はきっと夜型なのだろう。深夜は静かにしてほしいなぁ。

→

July 20, 2011

My neighbor is noisy. He must be a night person. I want him to be quiet late at night.

語注 noisy: うるさい、やかましい／night person: 夜型（人間）／quiet: 静かな／late at night: 深夜に、夜遅くに

Date: _____

sunny / cloudy / rainy / snowy

真弓の一言 毎日が全力投球！

47 「…だといいなぁ」
I hope …

こんなことが書けます

下線部 A、B、C はそれぞれ、下の「入れ替え表現集」の A ～ C と入れ替えが可能です。

1 彼女が無事だといいなぁ。
I hope <u>she's OK</u>.
　　　　　A

2 明日、涼しくなるといいなぁ。
I hope <u>it gets cooler</u> tomorrow.
　　　　　　B

3 その仕事に就けるといいなぁ。
I hope <u>I can get that job</u>.
　　　　　　C

「…だといいなぁ」という願望は、I hope(that) ... を用います。具体的な願望を、... に文の形で入れます。一般的に that は省略します。

①の「彼女が無事ならいいなぁ」なら、... に she's OK（彼女が無事だ）を入れます。

... に入る文は、will を使って未来形で表すこともできます。例えば、②の「明日、涼しくなるといいなぁ」なら、I hope it'll get cooler tomorrow. としても OK です。I hope it gets cooler tomorrow. のように未来のことを現在形で表すと、願望の強さを強調できます。

③の「…できるといいなぁ」は、can を使って I hope I can ... としましょう。

入れ替え表現集

〔A〕
外はあまり暑くない
it's not too hot outside
彼女が学校生活を楽しんでいる
she enjoys her school life
彼の事業が順調だ
his business is going well
彼女が元気だ　she's fine
彼は独りぼっちじゃない
he isn't alone

〔B〕
彼が旅行を楽しむ
he enjoys the trip
失敗しない　I don't fail
日本が試合に勝つ
Japan wins the game

ボーナスがたくさん出る
I get a big bonus
面接がうまくいく
my interview goes well

〔C〕
海外で働ける　I can work abroad
彼女に恩返しする
I can repay her
チケットが手に入る
I can get a ticket
今夜よく眠れる
I can sleep well tonight
休暇を延長できる
I can extend my vacation

真弓の一言 Continuous effort is a talent, too.

Let's write! 日記を書こう！

「例えばこう書く」と左ページの「入れ替え表現集」を参考に日記を書いてみましょう。
1文だけでも構いませんが、余裕のある人は少し書き足してみてもいいでしょう。

例えばこう書く

10月3日　月曜日

サイトウさんは今日お休みだった。
昨日ひどいせきをしていたな。早く
良くなるといいけど。

→

Mon., Oct. 3

Saito-san was absent today. She had a terrible cough yesterday. I hope she gets better soon.

語注　absent: 欠席して／have a cough: せきをする／terrible: ひどい／get better: 良くなる／soon: 早く

Date:

sunny　cloudy　rainy　snowy

真弓の一言　努力し続けることも才能のうち。

48 「…なら（いいのに）なぁ」
I wish ...

こんなことが書けます　下線部 A、B、C はそれぞれ、下の「入れ替え表現集」の A〜C と入れ替えが可能です。

1 もっとお金があればなぁ。
I wish <u>I had more money</u>.
　　　　　A

2 もっと背が高ければなぁ。
I wish <u>I was taller</u>.
　　　　　B

3 明日、仕事が休みならなぁ。
I wish <u>I didn't have to go to work tomorrow</u>.
　　　　　C

　I wish ... は、そうではないけれど「…なら（いいのに）なぁ」と、現実に反する願望を表します。… には望んでいる内容を過去形の文で入れましょう。
　例えば①の「もっとお金があればなぁ」なら、I wish I had more money. となります。
　②の「もっと背が高ければなぁ」は、tall（背が高い）の比較級 taller を用いて、I wish I was taller. とします。正式には I wish I were ... ですが、くだけた表現では I wish I was ... のほうが自然です。
　③の「仕事が休み」は、「仕事に行かなくてもいい」と考えて、I didn't have to go to work と表すのがいいでしょう。

入れ替え表現集

〔A〕
もっと時間がある　I had more time
姉がいる　I had an older sister
車の運転ができる　I could drive
スペイン語が話せる
I could speak Spanish
両親がもっと近くに住んでいる
my parents lived closer

〔B〕
もっと若い　I was younger
もっと魅力的だ
I was more attractive
もっと外交的だ
I was more outgoing
男だ　I was a man
独身だ　I was single

〔C〕
早く帰宅できる
I could get home early
遅くまで寝ていられる
I could sleep in
ショッピングモールに行ける
I could go to the mall
そのコンサートに行ける
I could be at the concert
ブラッド・ピット本人に会う
I could see Brad Pitt in person
学生時代に戻る
I could go back to my school days

真弓の一言　Friendship is like wine; it improves with age.

Let's write! 日記を書こう！

「例えばこう書く」と左ページの「入れ替え表現集」を参考に日記を書いてみましょう。
1文だけでも構いませんが、余裕のある人は少し書き足してみてもいいでしょう。

例えばこう書く

2011年12月11日

毎日やることがとてもたくさんある。
あーあ、時間が買えたらなぁ。

→

December 11, 2011

I have so much to do every day. Oh, I wish I could buy time.

語注 so much: とてもたくさんのこと

Date: _____

sunny / cloudy / rainy / snowy

真弓の一言 友情って年齢とともに深まっていく。なんだかワインみたいだね。

49 「…が嫌いだ」
I hate ...

こんなことが書けます

下線部 A、B はそれぞれ、下の「入れ替え表現集」の語句 A ～ B と入れ替えが可能です。

1 数学が嫌いだ。
I hate <u>mathematics</u>.
　　　　　A

2 辛いものが大嫌いだ。
I really hate <u>spicy food.</u>
　　　　　　　A

3 ジェットコースターに乗るのが大嫌いだ。
I really hate <u>riding on roller coasters.</u>
　　　　　　　　　　　B

「…が嫌いだ」は、I hate ... と表します。... には、名詞（〔A〕）、または動詞の -ing 形（〔B〕）を入れます。I don't like ... よりも強い感情を表す表現です。

①のように「数学が嫌いだ」は、... に名詞 mathematics（数学）を入れて、I hate mathematics. と表現しましょう。math でも OK です。

②の「…が大嫌いだ」なら、hate の前に really（本当に、とても）を入れて、I really hate ... とすれば OK。

③のように、「…するのが嫌いだ」と言う場合は、ride on ...（…に乗る）の ride を動詞の -ing 形にします。roller coaster は「ジェットコースター」のことです。

入れ替え表現集

〔A〕
雨の日　rainy days
肉　meat
ピーマン　bell peppers
納豆　natto
夏　summer
冬　winter
満員電車　crowded trains
高所　heights
ホラー映画　horror movies
虫　bugs
薬　medicine
体育　P.E. (physical education)
長い会議　long meetings

〔B〕
早起きをする　getting up early
料理をする　cooking
皿洗いをする　doing the dishes
分割で支払う　making payment on an installment plan
上司と話す　talking with my boss
地図を読む　reading maps
人前で話をする　talking in front of people
飛行機に乗る　flying
縫い物をする　sewing
指図される　being told what to do
道を尋ねる　asking for directions

真弓の一言 I want mine to be the face you see when you close your eyes.

Let's write! 日記を書こう！

「例えばこう書く」と左ページの「入れ替え表現集」を参考に日記を書いてみましょう。
1文だけでも構いませんが、余裕のある人は少し書き足してみてもいいでしょう。

例えばこう書く

7月27日　水曜日

今日はとても暑かった。汗臭かったので、電車で恥ずかしい思いをした。あー、夏は嫌い！

→

Wednesday, July 27

It was very hot today. I was embarrassed on the train because I was sweaty. Oh, I hate summer!

語注　be embarrassed: 恥ずかしい思いをする／sweaty: 汗臭い

Date: _____

sunny　cloudy　rainy　snowy

真弓の一言　あなたが目を閉じたとき、私の顔を思い浮かべてくれますように。

1 状態
2 行動
3 予定、意志…
4 感想、印象
5 気持ち
6 考え

127

50 「…して後悔している・悪かったと思う」
I feel bad about ...-ing

こんなことが書けます

下線部 A、B はそれぞれ、下の「入れ替え表現集」の A〜B と入れ替えが可能です。

1 彼に腹を立てて後悔している。
I feel bad about getting angry with him.
　　　　　　　　　　　　A

2 あんなひどいことを言って本当に悪かったと思っている。
I feel really bad about saying such a terrible thing.
　　　　　　　　　　　　　　A

3 リサを招待しなくて悪かったと思った。
I felt bad about not inviting Lisa.
　　　　　　　　　　　B

自分の行動について後悔している気持ちは、I feel bad about ...(動詞の -ing 形)で表しましょう。

例えば①なら、get angry with him の動詞 get を -ing 形にしてから about の後ろに入れ、I feel bad about getting angry with him. とします。

後悔している気持ちを強調するには、②のように feel の後に really(本当に)を加えましょう。

③のように過去の後悔を表すには、feel を過去形の felt にします。また、about の後に not ＋動詞の -ing 形を続けると、そうしなかったことを悔やむ(悔やんだ)気持ちを表現できます。

入れ替え表現集

[A]
遅れて着く　arriving late
彼女をがっかりさせる
letting her down
約束をキャンセルする
canceling the appointment
彼のことを誤解する
misunderstanding him
彼女の本をなくす
losing her book
彼をからかう　making fun of him
無駄遣いをする
spending too much money
申し出を断る
turning down the offer
身勝手に振る舞う
acting selfishly

カッとなる
losing my temper

[B]
パーティーに顔を出さない
not showing up at the party
彼の助言に従わない
not taking his advice
もっと早く返事をしない
not replying sooner
彼らと十分な時間を過ごさない
not spending enough time with them
彼女の相談に乗らない
not listening to her problem
彼らの手伝いを買って出ない
not volunteering to help them

真弓の一言 Being well-balanced is the key to a happy life.

128

Let's write! 日記を書こう！

「例えばこう書く」と左ページの「入れ替え表現集」を参考に日記を書いてみましょう。
1文だけでも構いませんが、余裕のある人は少し書き足してみてもいいでしょう。

例えばこう書く

2011年2月24日

マサキがスピード違反の切符をもらってしまった。私のせいみたいなものだ。急ぐように頼んで本当に悪かったなぁ。

→

February 24, 2011

Masaki got a speeding ticket. It was sort of my fault. I feel really bad about asking him to hurry.

語注 speeding ticket: スピード違反の切符／sort of ...: …のようなもの／fault: 責任、落ち度／hurry: 急ぐ

Date: _____   ☀ sunny   ☁ cloudy   ☂ rainy   ⛄ snowy

真弓の一言 バランスを保つことがハッピーライフの秘けつ。

51 「…したい気がする・したい気分だ」
I feel like ...-ing

こんなことが書けます

下線部 A、B はそれぞれ、下の「入れ替え表現集」の A〜B と入れ替えが可能です。

1 髪型を変えたい気分だ。
I feel like **changing my hairstyle**.
　　　　　　　A

2 本当に泣きたい気分だった。
I really felt like **crying**.
　　　　　　　　A

3 今日は何もする気がしなかった。
I didn't feel like **doing anything** today.
　　　　　　　　　　B

「…したい気がする・したい気分だ」は I feel like ...（動詞の -ing 形）で表します。
①の「髪型を変えたい気分だ」なら、は、change の -ing 形に my hairstyle（私の髪型）を続ければ OK。
②の「…したい気分だった」は、feel を過去形の felt にします。強調の really は felt の前に入れましょう。
「…する気がしない」は I don't feel like ...、「…する気がしなかった」は I didn't feel like ... とします。③の「何もする気がしない」のような否定文では、doing something（何かする）の something が not の影響を受けて、anything に変わる点に要注意です。

入れ替え表現集

〔A〕
コーヒーを飲む
having some coffee
甘い物を食べる
having some sweets
歌う　singing
横になる　lying down
昼寝をする　taking a nap
冷たいビールを飲む
having some cold beer
散歩をする　taking a walk
風呂にゆっくりつかる
lounging in the tub
家に居る　staying home
何か新しいことを始める
starting something new

大音量で音楽を聞く
listening to loud music

〔B〕
甘い物を食べる
having any sweets
コーヒーを飲む
having any coffee
テレビを見る　watching TV
カラオケで歌う
singing karaoke
料理をする　cooking
外食をする　eating out
浮かれ騒ぐ　celebrating
出掛ける　going out

真弓の一言 Your happiness is my happiness.

Let's write! 日記を書こう！

「例えばこう書く」と左ページの「入れ替え表現集」を参考に日記を書いてみましょう。
1文だけでも構いませんが、余裕のある人は少し書き足してみてもいいでしょう。

例えばこう書く

1月22日　土曜日

また車の調子がおかしい。まだ2年しかたっていないのに。新車を買いたい気分だ。

→

Saturday, January 22

My car is acting up again. It is only two years old. I feel like getting a new one.

語注　act up:（機械などの）調子が狂う／again: 再び、また

Date:

sunny　cloudy　rainy　snowy

真弓の一言　あなたの幸せが私の幸せ。

131

52 「…な気がする」
I have a feeling ...

こんなことが書けます

下線部 A、B、C はそれぞれ、下の「入れ替え表現集」の A〜C と入れ替えが可能です。

1 彼は私に関心を持っている気がする。
I have a feeling <u>he's interested in me</u>.
　　　　　　　　　　A

2 彼女はそのことを知っていた気がする。
I have a feeling <u>she knew it</u>.
　　　　　　　　　　B

3 何か悪いことが起こりそうな気がする。
I have a feeling <u>something bad will happen</u>.
　　　　　　　　　　C

根拠や証拠はないものの、「…な気がする」と言うときは、I have a feeling (that) ... を使います。... には、現在形（〔A〕）、過去形（〔B〕）、未来形（〔C〕）などさまざまな時制の文を入れられます。
　①の「彼は私に関心を持っている気がする」なら、... に he's interested in me（彼は私に関心を持っている）を入れます。
　過去についてなら、②のように、she knew it（彼女はそのことを知っていた）と過去の文を入れます。
　③の「何か悪いことが起こりそうな気がする」は未来についての予感なので、will を用いて、something bad will happen と表現しましょう。

入れ替え表現集

〔A〕
彼は私と同じくらいの年だ
he's about the same age as me
彼女は動物好きだ
she's an animal lover
彼は仕事に不満がある
he is unhappy with his job
彼女には付き合っている人がいる
she's seeing someone

〔B〕
彼の様子が変だった
something was wrong with him
彼女は私に腹を立てていた
she was angry at me
上司が私の案を気に入ってくれた
my boss liked my idea

彼女はその料理が気に入らなかった
she didn't like the food

〔C〕
何か良いことが起きる
something good will happen
明日は筋肉痛になる
my muscles will be sore tomorrow
彼は来年カナダへ帰る
he will go back to Canada next year
締め切りに間に合わない
I won't be able to meet the deadline
新しい仕事は自分に合う
my new job will suit me

真弓の一言 Don't forget to thank those who've given hidden support.

Let's write! 日記を書こう！

「例えばこう書く」と左ページの「入れ替え表現集」を参考に日記を書いてみましょう。
1文だけでも構いませんが、余裕のある人は少し書き足してみてもいいでしょう。

例えばこう書く

9月24日　土曜日

マットは来年カナダに帰ってしまう気がする。故郷の家族や友達を恋しがっている。日本にいてほしいな。

→

Saturday, September 24

I have a feeling Matt will go back to Canada next year. He's missing his family and friends back home. I hope he will stay in Japan.

語注 go back: 戻る、帰る／miss ...: …が恋しい、…がいなくて寂しく思う／... back home: 故郷の…／I hope ...: …だといいなぁ（→ P. 122）／stay: とどまる

Date: _____

sunny　cloudy　rainy　snowy

真弓の一言 陰で支えてくれている人に感謝の気持ちを忘れずに。

発想を転換して、脱・直訳！
ライティング力UP講座 ⑤

再び立ちふさがる語彙力の壁。今回学習するのは、「言えないことは省いてしまって OK」という大胆な攻略法です。それは、一番言いたいことに焦点を絞ることでもあります。

CASE 1　会社員／ケイさんの場合

書きたいこと

3月11日　金曜日

人事異動があり、4月から課長に昇進することになった。うれしい反面、ちょっと心配。うまくやれるといいけど…。

ここでつまずく！
まずは1文目の「人事異動」と「昇進」。いきなり難しい語句が出てきて、先に進めません。

こう書く →

Friday, March 11

I will be a section chief in April. I'm happy but a little worried. I hope I can do well.

語注 section chief: 課長／do well: うまくやる

「人事異動」や「昇進」に相当する英単語を知らないと、困ってしまいそうな内容ですね。でも、この文で一番言いたいことは「4月に課長になる」ということ。つまり、「人事異動があり」という情報がなくなっても、それほど大きな影響はありません。こういう場合は、取ってしまうのも一つの手です。また、「4月に課長に昇進することになった」も、「4月に課長になる」とシンプルな日本語に置き換えれば、I will be a section chief in April. と英語にしやすくなります。このように、英語にするのが難しい表現があったら、その言葉がなくても大まかに言いたいことを伝えられるような文を考えましょう。また、そのものズバリの英

語表現を知らなくても、自身の語彙力の範囲内で工夫し、表現する練習もしておくとよいでしょう。

「うれしい反面、ちょっと心配」は、「反面」という日本語にとらわれず、できる限りシンプルに置き換えましょう。「うれしいけど、ちょっと心配」と考えると英語にしやすくなります。happy（うれしい）と a little worried（ちょっと心配で）を but でつなげば OK です。

「うまくやれるといいけど…」は、願望や期待を表す I hope …（…だといいなあ → P. 122）と do well（うまくやる）を組み合わせて、I hope I can do well. と表現します。

CASE 2　会社員／カナさんの場合

書きたいこと

5月3日　火曜日

今日はバリ旅行の初日。天気もよかったし、ご飯もおいしかったし、仕事のことを忘れて、思い切り楽しんだ。明日のスキューバダイビング、楽しみだな。

⚠ ここでつまずく！
「天気もよかったし…」の1文は長過ぎ！　一体、どう訳せばいいの？

こう書く →

Tuesday, May 3

It was my first day in Bali. The weather was nice and the food was good. I really enjoyed everything. I'm excited about scuba diving tomorrow.

語注 first day: 初日／scuba diving: スキューバダイビング

「バリ旅行」は「バリでの」初日と考えると英語にしやすくなります。「初日」は my first day と訳します。日本語は「今日は…」から始まっていますが、時を表す today は文末に持ってきて、It was my first day in Bali today. とするのが自然です。today は省略しても OK ですよ。

「天気もいいし…思い切り楽しんだ」のような長い文は、文を分けて考えるとよいでしょう。また、「仕事のことを忘れて」をどう表すかで迷いそうですが、この文で一番大切なのは、「思い切り楽しんだ」ということ。「仕事のことは忘れて」で先に進めなくなってしまうようなら、取っても問題ありません。うまく表現できなかったら、余計な言葉を省いて、一番言いたいことに的をしぼりましょう。「思い切り」の表し方にも戸惑うかもしれませんね。そんなときは、「すべてを本当に楽しんだ」と日本語をシンプルにすれば、I really enjoyed everything. と知っている単語で表現できます。

「明日のスキューバダイビング、楽しみだな」は、I'm excited about ... (→ P. 108)を使って、I'm excited about scuba diving tomorrow. とワクワクした気持ちを表現しています。P. 110 の I can't wait ... を使って、I can't wait for scuba diving tomorrow. (明日のスキューバダイビングが待ち遠しい)としてもいいですね。

column

感情豊かに英語日記を演出しよう！

会話では、声のトーンや表情を変えたり、ジェスチャーを交えるなどして、驚きや喜びを表現することができます。「書き言葉」である日記の場合はどうでしょう？

感情表現の一つに、「間投詞を使う」という方法があります。間投詞とは、強い感情を抱いたとき、とっさに発する言葉のことです。例えば、Wow.（うわ〜）、Great!（すごい！）、Yuck.（ゲエッ）、Uh-oh.（あーあ）、Whew.（やれやれ）などです。これらを日記に取り入れると、書き言葉でも、感情を生き生きと表現することができます。

また、「すごくうれしい」は I'm so happy. と表しますが、これを、I'm soooo happy. と書くと、「すごく」を「ものすごーく」と強調するニュアンスを出すことができます。so を伸ばして書くのは、ここが実際の会話で強調される部分だからです。I'm veeeeery happy. でもいいですよ。

強調した語句をすべて大文字にするのも一つの方法です。例えば、Unbelievable.（信じられない）をUNBELIEVABLE. と書いて気持ちを強調したり、I did it !（やったぞ！）を I DID IT ! と書いて満足感や達成感を表現したりするのもよいでしょう。また、ピリオド（.）の代わりにエクスクラメーションマーク（！）を用いて感情を表現することもできますよ。

chapter_06

考え

「考え」を述べるための少しハイレベルな構文に挑戦します。
用法をマスターして、
会話でもぜひ使ってみましょう。

53 「…しようかと考えている」
I'm thinking about ...-ing

こんなことが書けます

下線部はそれぞれ、下の「入れ替え表現集」の語句と入れ替えが可能です。

1 デジカメを買おうかと考えている。
I'm thinking about buying a digital camera.

2 両親を温泉に連れて行こうかと考えている。
I'm thinking about taking my parents to a hot spring.

3 英会話学校に通おうかと本気で考えている。
I'm seriously thinking about going to an English school.

高価な物を買う、学校に通う、旅行に行くなど、検討中の計画について「…しようかと考えている」と述べるときには、I'm thinking about ...（動詞の -ing 形）を使いましょう。

例えば①の「デジカメを買おうかと考えている」なら、… に buying a digital camera（デジカメを買う）を入れて、I'm thinking about buying a digital camera. とすればOK。

③のように「…しようかと本気で考えている」と何かを真剣に検討する気持ちは、thinking の前に seriously（本気で、真剣に）を入れて、I'm seriously thinking about ... と表すことができます。

入れ替え表現集

車を売る　selling my car
クレジットカードの申し込みをする
applying for a credit card
英検1級を受ける
taking the first grade of the EIKEN tests
栄養士になるために勉強する
studying to become a nutritionist
何か新しいことに挑戦する
challenging something new
また学校に通う
going back to school
副業を始める　starting a second job
家をリフォームする
renovating our house
退社する
leaving my job

その仕事に応募する
applying for the job
ピアノのレッスンを受ける
taking piano lessons
自叙伝を執筆する
writing my autobiography
ホームページを始める
starting my own website
ホームシアターを作る
setting up a home theater system
ボランティア活動に参加する
trying some volunteer work
彼のプロポーズを受ける＜断る＞
accepting<refusing> his marriage proposal
身を固める　settling down

真弓の一言 Life is like a journey to discover yourself.

Let's write! 日記を書こう！

「例えばこう書く」と左ページの「入れ替え表現集」を参考に日記を書いてみましょう。
1文だけでも構いませんが、余裕のある人は少し書き足してみてもいいでしょう。

例えばこう書く

6月1日　水曜日

アメリカで勉強しようかと考えている。本気で英語を上達させたい。お母さんとお父さんがOKしてくれるといいなぁ。

→

Wednesday, June 1

I'm thinking about studying in the States. I really want to improve my English. I hope Mom and Dad say OK.

語注 the States: アメリカ／I (really) want to ...: (すごく)…したいなぁ（→ P. 116）／improve ...: …を上達させる／I hope ...: …だといいなぁ（→ P. 122）／Mom: お母さん、ママ。呼称として使うときはMを大文字にする／Dad: お父さん、パパ。呼称として使うときはDを大文字にする

Date: _____   sunny cloudy rainy snowy

真弓の一言　人生って自分探しの旅みたい。

54 「…だと思う・だろうな」
I guess ...

こんなことが書けます

下線部 A、B、C はそれぞれ、下の「入れ替え表現集」の A〜C と入れ替えが可能です。

1 カナエは正しいと思う。
I guess **Kanae is right.**
　　　　　　A

2 お母さんは慌てていたのだと思う。
I guess **Mom was in a hurry.**
　　　　　　B

3 彼は彼女のタイプではないと思う。
I guess **he isn't her type.**
　　　　　　C

確信はないものの「…だと思う・だろう」という推測には、I guess ... がぴったりです。... には推測の内容を文の形で入れます。
①の「カナエは正しいと思う」なら、... に Kanae is right（カナエは正しい）を入れれば OK。
②のように、過去の出来事や状態について述べる場合は、guess の後に過去形の文を続けます。be in a hurry は「慌てている、急いでいる」という意味です。
「…ではないと思う」と言う場合は、guess の後に否定文を続けます。③なら、I guess he isn't her type. とすれば OK です。

入れ替え表現集

〔**A**〕
彼は私の性格をとてもよく知っている
he knows my personality very well
お母さんは空の旅が嫌いだ
Mom hates air travel
お父さんは仕事が忙しい
Dad is busy at work
彼女は数字に強い
she's good at figures
彼は堅苦しい人だ
he's a square

〔**B**〕
彼女に何かいいことがあった
something nice happened to her
彼はパーティーを楽しんだ
he enjoyed the party

彼女は具合が悪かった
she was sick
彼らは仲直りした
they made friends again

〔**C**〕
それは彼らしくない
it's not his style
彼女は誰とも付き合っていない
she isn't going out with anyone
彼は私のメールを読まなかった
he didn't read my e-mail
タイミングが良くなかった
the timing wasn't right

真弓の一言 Keep pursuing your dreams.

Let's write! 日記を書こう!

「例えばこう書く」と左ページの「入れ替え表現集」を参考に日記を書いてみましょう。
1文だけでも構いませんが、余裕のある人は少し書き足してみてもいいでしょう。

例えばこう書く

2011年3月25日

今日、上司の機嫌が良かった。何かいいことがあったんだろうな。お嬢さんに関係があることかもしれないな。

→

March 25, 2011

My boss was in a good mood today. I guess something nice happened to him. It may have something to do with his daughter.

語注 boss: 上司／in a good mood: 上機嫌で／have something to do with …: …と関係がある

Date: _____   sunny cloudy rainy snowy

1 状態
2 行動
3 予定、意志…
4 感想、印象
5 気持ち
6 考え

真弓の一言 夢を追い続けて。

141

55 「…に違いない」
I'm sure ...

こんなことが書けます

下線部 A、B、C はそれぞれ、下の「入れ替え表現集」の A 〜 C と入れ替えが可能です。

1 彼は私の助けを必要としているに違いない。
I'm sure <u>he needs my help.</u>
　　　　　　A

2 カナは試験に合格したに違いない。
I'm pretty sure <u>Kana passed the exam.</u>
　　　　　　　　　　B

3 彼が転職するかどうかわからない。
I'm not sure if <u>he will change jobs.</u>
　　　　　　　　　C

「…に違いない」と確信や自信のあることは、I'm sure (that) … と表します。I'm sure (that) … の that は省略可能で、… には具体的な内容を文の形で続けます。

①の「彼は私の助けを必要としているに違いない」なら、… に he needs my help（彼は私の助けを必要としている）を入れれば OK。

確信を強調するには、②のように pretty（相当、かなり）を入れて、I'm pretty sure … としましょう。

逆に、確信や自信がなく、「…かどうかわからない」と言う場合は、③の I'm not sure if … を用います。この if（…かどうか）は省略できないので注意しましょう。

入れ替え表現集

〔A〕
彼は家族を恋しがっている
he misses his family
そのうわさは本当である
the rumor is true
その店は月曜が定休日である
the store is closed on Mondays
彼女には食物アレルギーがある
she has food allergies

〔B〕
彼にお金を返した
I returned the money to him
彼に伝言を残した
I left a message for him
彼女はそのうわさを聞いた
she heard the rumor

彼と以前どこかで会ったことがある
I've met him somewhere before
彼は私を姉と間違えた
he mistook me for my sister

〔C〕
明日は晴れる
the weather will clear up tomorrow
彼は時間どおりに来る
he will come on time
彼はプレゼントを気に入る
he will like the gift
彼女が私のことを許してくれる
she will forgive me
返金してもらえる
I can get a refund

真弓の一言 Be confident in yourself.

Let's write! 日記を書こう！

「例えばこう書く」と左ページの「入れ替え表現集」を参考に日記を書いてみましょう。
1文だけでも構いませんが、余裕のある人は少し書き足してみてもいいでしょう。

例えばこう書く

9月10日　土曜日

今日、ドライブに出掛けた。素敵なガラス製品のお店を見つけた。アキコに教えてあげよう。きっと気に入るに違いない。

→

Saturday, Sept. 10

I went for a drive today. I found a nice glassware shop. I'm going to tell Akiko about it. I'm sure she will love it.

語注 go for a drive: ドライブする／find: 見つける。過去形はfound／glassware: ガラス製品

Date:

sunny　cloudy　rainy　snowy

真弓の一言 自分に自信を持とう。

143

56 「きっと…だろう」
must be ...

こんなことが書けます

下線部 A、B、C はそれぞれ、下の「入れ替え表現集」の A ～ C と入れ替えが可能です。

1 彼はきっと彼女のボーイフレンドだろうな。
He must be <u>her boyfriend</u>.
　　　　　　　A

2 あの企画はきっとすごく大変だろう。
That project must be really <u>tough</u>.
　　　　　　　　　　　　　　　B

3 彼女の上司はきっとすごくイライラしているだろうな。
Her boss must be very <u>frustrated</u>.
　　　　　　　　　　　　　　C

「きっと…だろう」と確信のある意見を述べるには、must be ... を用いましょう。絶対とは言い切れなくても、かなり確実であることを表します。

例えば「彼はきっと彼女のボーイフレンドだろう」なら、her boyfriend（彼女のボーイフレンド）を … に入れればOK です。

… には her boyfriend などの名詞（〔A〕）のほか、② の tough（大変な）、③ の frustrated（イライラした）のように形容詞（〔B〕、〔C〕）を入れることもできます。

また、「すごく…だろう」と強調する場合には、形容詞の前に very や really、so を入れましょう。

入れ替え表現集

〔A〕
医者　　　a doctor
億万長者　a billionaire [bíljənɛ̀ər]
彼の兄弟　his brother
スポーツ選手　an athlete
先生　　　a teacher
弁護士　　a lawyer
有名人　　a celebrity

〔B〕
費用がかかる　costly
見込みがある　promising
時間のかかる　time-consuming
骨の折れる　painstaking
やりがいのある　challenging

〔C〕
心配している　anxious
満足している　satisfied
喜んでいる　pleased
誠実な　honest
まじめな　serious
忍耐強い　patient
せっかちな　impatient
頑固な　bullheaded
協力的な　supportive
批判的な　critical
理解がある　understanding
神経が高ぶっている　nervous

真弓の一言 Don't put off until tomorrow what you can do today.

Let's write! 日記を書こう！

「例えばこう書く」と左ページの「入れ替え表現集」を参考に日記を書いてみましょう。
1文だけでも構いませんが、余裕のある人は少し書き足してみてもいいでしょう。

例えばこう書く

6月14日　火曜日

タカシは折り返し電話してこなかった。きっとすごく忙しいんだろうな。

→

Tuesday, June 14

Takashi didn't return my call. He must be very busy.

語注 return someone's call: …に折り返し電話する。someone's の場所には、文の主語（ここではTakashi）とは異なる、人称代名詞の所有格（ここでは my）が入ります

Date:

sunny　cloudy　rainy　snowy

真弓の一言 今日できることは明日まで延ばさない。

57 「きっと…だったのだろう」
must've ...

こんなことが書けます

下線部 A、B、C はそれぞれ、下の「入れ替え表現集」の語句 A ～ C と入れ替えが可能です。

1 彼はきっと疲れていたのだろう。
He must've <u>been tired</u>.
　　　　　　A

2 ユミはきっとたくさん苦労をしたのだろう。
Yumi must've <u>had a lot of hardship</u>.
　　　　　　　　B

3 私は彼に何か悪いことを言ったのだろう。
I must've <u>said something wrong to him</u>.
　　　　　　　　C

確信のある事柄について、「きっと…だったのだろう」と述べる場合は、must've ... を使います。must've は must have の短縮形で、... には動詞の過去分詞形を入れます。

①の tired（疲れている）のように、形容詞を用いる場合は、must've の後に been（be 動詞の過去分詞形）を入れます。

②の「たくさん苦労をする」は have a lot of hardship。動詞 have を過去分詞形にして had a lot of hardship を入れます。

③は、覚えはないものの、きっと彼に何か悪いことを言ってしまったのだろうというニュアンスです。「何か悪いこと」は something wrong です。

入れ替え表現集

〔A〕
大喜びだった　been overjoyed
パニック状態だった　been panicked
感心していた　been impressed
緊張していた　been nervous
お腹が空いていた　been hungry
眠たかった　been sleepy
経験豊富だった　been experienced
幸運だった　been lucky
混乱していた　been confused
退屈していた　been bored

〔B〕
風邪をひいていた　had a cold
道に迷った　gotten lost
私が言ったことを忘れた
forgotten what I said
仕事で散々な一日を送った
had a rough day at work
私のコンディショナーを使った
used my conditioner

〔C〕
何か悪いものを食べた
eaten something bad
タクシーに携帯を忘れてきた
left my cellphone in a taxi
あの時はついていた
had good luck then
年齢より幼く見えた
looked younger than my age

真弓の一言 We all have our ups and downs. That's life.

Let's write! 日記を書こう！

「例えばこう書く」と左ページの「入れ替え表現集」を参考に日記を書いてみましょう。
1文だけでも構いませんが、余裕のある人は少し書き足してみてもいいでしょう。

例えばこう書く

5月22日　日曜日

レイナが誕生日にかわいい鏡をくれた。きっとお小遣いで買ってくれたのだろう。心を打たれた。

→

Sunday, May 22

Reina gave me a cute mirror for my birthday. She must've bought it with her allowance. I was touched.

語注 cute: かわいい／mirror: 鏡／allowance: 小遣い／touched: 心を動かされた、感動した

Date: _____

sunny　cloudy　rainy　snowy

....
....
....
....
....
....

真弓の一言 いいこともあればイヤなこともある、それが人生。

58 「…かなぁ」
I wonder if ...

こんなことが書けます

下線部 A、B、C はそれぞれ、下の「入れ替え表現集」の A ～ C と入れ替えが可能です。

1 シンジはアメリカでうまくやっているかなぁ。
I wonder if <u>Shinji is doing OK in America</u>.
　　　　　　　　　A

2 彼女は私のクリスマス・カードを受け取ったかなぁ。
I wonder if <u>she got my Christmas card</u>.
　　　　　　　　　B

3 明日は、いい天気になるかなぁ。
I wonder if <u>it will be a nice day</u> tomorrow.
　　　　　　　　　C

「…かなぁ」とふと浮かんだ疑問は、I wonder if ... で表します。... には文の形が入り、現在、過去、未来のどの時制でも使えます。
　①の「シンジはアメリカでうまくやっているかなぁ」なら、... に Shinji is doing OK in America を入れます。do OK（うまくやる）は、ここでは現在進行形です。
　②の「彼女は私のクリスマス・カードを受け取ったかなぁ」なら、she got my Christmas card と過去形の文を続ければ OK です。
　③のように天気について述べる場合は、主語を it にしましょう。明日のことは、it will と未来形にするのを忘れずに。

入れ替え表現集

[A]
ウイルスに感染している
it is infected with a virus
彼女はアレルギーを持っている
she has an allergy
心配し過ぎる　I worry too much
細かいことにこだわり過ぎる
I'm too fussy
優柔不断過ぎる
I'm too wishy-washy

[B]
言い過ぎた　I said too much
彼の気持ちを傷付けた
I hurt his feelings
手料理はみんなの口に合った
everyone liked my cooking

レストランに傘を置き忘れた
I left my umbrella at the restaurant

[C]
雨が降る　it will rain
本当に雪が降る　it will really snow
短パンをはけるほど暖かくなる
it will be warm enough to wear shorts
霜が降りる　it will be frosty
涼しくなる　it will be cooler

真弓の一言 Because you are here, my life has meaning.

Let's write! 日記を書こう！

「例えばこう書く」と左ページの「入れ替え表現集」を参考に日記を書いてみましょう。
1文だけでも構いませんが、余裕のある人は少し書き足してみてもいいでしょう。

例えばこう書く

11月7日　月曜日

最近、コンピューターがよくフリーズする。ウイルスに感染しているのかなぁ。

→

Monday, November 7

My computer often freezes these days.
I wonder if it is infected with a virus.

語注 often: しばしば、頻繁に／freeze: (コンピューターやプログラムの動きが)固まる／these days: このごろ、最近／be infected with ...: …に感染する／virus: ウイルス

Date: _____

sunny　cloudy　rainy　snowy

真弓の一言　あなたがいるから私の人生に意味がある。

59 「どうして…なんだろう」
I wonder why ...

こんなことが書けます

下線部 A、B、C はそれぞれ、下の「入れ替え表現集」の A〜C と入れ替えが可能です。

1 どうして私はいつも失敗ばかりするんだろう。
I wonder why <u>I make mistakes all the time.</u>
　　　　　　　　　　　A

2 どうして今日トモミは会社を早退したんだろう。
I wonder why <u>Tomomi left the office early today.</u>
　　　　　　　　　　　B

3 どうしてカトウさんは仕事に来なかったんだろう。
I wonder why <u>Mr. Kato didn't come to the office.</u>
　　　　　　　　　　　C

「どうして…なんだろう」という自問には、I wonder why … を用います。why の後には、疑問の内容を文の形で続けますが、文末は疑問符（「?」）ではなく、ピリオド（「.」）です。
　①の「どうして私はいつも失敗ばかりするんだろう」なら、I wonder why の後に I make mistakes all the time（私はいつも失敗ばかりする）を続けます。
　②の「会社を早退した」は、leave the office early を過去形にして入れます。
　③の「仕事に来なかった」なら、come(s) to the office（仕事に来る）を、didn't come to the office と過去の否定の形にします。

入れ替え表現集

〔A〕
彼はあんなに英語が話せる
he can speak English so well
上司は私に文句ばかり言う
my boss always complains at me
私が洗車をするといつも雨が降る
it rains every time I wash my car
私はいつも金欠だ
I'm always broke

〔B〕
今朝彼は感じが悪かった
he was mean to me this morning
彼女は私にうそをついた
she lied to me
彼は彼女を振った
he dumped her

彼女が私のことを笑った
she laughed at me
クミは元気がなかった
Kumi looked unhappy

〔C〕
彼女だと気付かなかった
I didn't recognize her
最近、彼をあまり見かけない
I don't see much of him these days
息子が口をきかない
my son doesn't speak to me
彼女は家事を手伝ってくれない
she doesn't help me with the housework

真弓の一言 Accept your life if you can't change it. Change your life if you can't accept it.

Let's write! 日記を書こう！

「例えばこう書く」と左ページの「入れ替え表現集」を参考に日記を書いてみましょう。
1文だけでも構いませんが、余裕のある人は少し書き足してみてもいいでしょう。

例えばこう書く

8月9日　火曜日

昨日車を洗ったら、今日雨が降った。私が洗車をすると、どうしていつも雨が降るんだろう。

→

Tue., Aug. 9

I washed my car yesterday, and it rained today. I wonder why it rains every time I wash my car.

語注 wash *one's* car: 洗車する

Date:

sunny　cloudy　rainy　snowy

真弓の一言　変えられないなら受け入れよう。受け入れられないなら変える努力をしよう。

60 「どうして…なのかわからない」
I don't understand why …

こんなことが書けます

下線部 A、B、C はそれぞれ、下の「入れ替え表現集」の A ～ C と入れ替えが可能です。

1 どうしてこのスカートが高いのかわからない。
I don't understand why <u>this skirt is expensive.</u>
　　　　　　　　　　　　A

2 どうして彼がそんなに不機嫌だったのかわからない。
I don't understand why <u>he was so cranky.</u>
　　　　　　　　　　　　B

3 どうして彼女があの仕事のオファーに飛び付かなかったのかわからない。
I don't understand why <u>she didn't jump at the job offer.</u>
　　　　　　　　　　　　C

理解に苦しむ状況に対する「どうして…なのかわからない」という不満は、I don't understand why ... を使って表現します。… には文を入れます。

①の「どうしてこのスカートが高いのかわからない」なら、… に this skirt is expensive を入れます。

「どうして…だったのかわからない」と過去のことについて述べるときは、②のように、過去形の文を入れます。

③のように、why の後に否定の文を入れると、「どうして…でないのか・しないのか」「どうして…でなかったのか・しなかったのか」を表すことができます。

入れ替え表現集

〔A〕
脚が痛い　my legs ache
彼はいつも言い訳をする
he always makes excuses
くしゃみが止まらない
I keep sneezing
この曲がそれほど人気がある
this song is so popular
会費がこんなに高い
the membership fee is this high

〔B〕
彼があんなことを言った
he said such a thing
今日はこんなに寒かった
it was so cold today

あんなに長い時間待たされた
I had to wait so long
洗濯機が壊れた
the washing machine broke down

〔C〕
ティーンエージャーは大人の言うことを聞かない
teenagers don't listen to adults
今朝新聞が来なかった
the newspaper didn't come this morning
しゃっくりが止められない
I can't get rid of my hiccups
あの番組を放送しない
they don't air that show

真弓の一言 A slump is an opportunity to learn a lot of things that can make you stronger.

Let's write! 日記を書こう！

「例えばこう書く」と左ページの「入れ替え表現集」を参考に日記を書いてみましょう。
1文だけでも構いませんが、余裕のある人は少し書き足してみてもいいでしょう。

例えばこう書く

6月22日　水曜日

コウジがまた会社に遅刻した。どうして彼はいつも言い訳をするのか理解できない。謝ればいいのに。

→

Wednesday, June 22

Koji was late for work again. I don't understand why he always makes excuses. He should just say sorry.

語注 be late for ...: …に遅刻する、…に遅れる／make excuses: 言い訳をする、弁解をする

Date: _____

sunny　cloudy　rainy　snowy

真弓の一言　スランプは、自分を強くするのに必要なことを学ぶ機会。

153

発想を転換して、脱・直訳！
ライティング力UP講座 ❻

いよいよこの講座も最後になりました。最後は、日本語のニュアンスを英語に出すための、発想のヒントをいくつか紹介します。

CASE ❶ 学生／リョウさんの場合

書きたいこと

11月8日　火曜日

半年後には**仕事**が始まる。あと少しで学生生活もおしまいかと思うと、**名残惜しい**。

→ こう書く

Tuesday, November 8

I'm going to start work in half a year. My school days will be over soon. I will miss them.

語注 start work: 仕事を始める／half a year: 半年／school days: 学生生活、学生時代。複数形で表す／miss ...: …がなくて寂しく思う、…が恋しい

> ⚠ **ここでつまずく！**
> 1文目の主語は「仕事」でいいの？「名残惜しい」のニュアンスも出したいのだけど……。

1 文目の「仕事が始まる」のような文は、主語を「私」に変えて考えると英語にしやすくなります。全体を「私は半年後に仕事を始める」と考えて、I'm going to start work in half a year. と表現します。「半年」は half a year としていますが、「6カ月」と考えて six months にするとより英語らしくなります。また、「(今から)…後」は after ... としないよう要注意です。

「名残惜しい」は miss を使うと簡単です。miss には「…が(い)なくて寂しく思う」という意味があり、I miss her. (彼女がいなくて寂しく思う)のように使いますが、「学生生活」のように人以外にも使えます。

「…だと思うと」にこだわらず、「あと少しで学生生活が終わる」「寂しくなる」と2文に分けると、ぐっと英語にしやすくなりますよ。

未来形は、あらかじめ計画していることや、すでにやると決まっていることなど、「…するつもり」と言うときは、be going to で表します。今決めたことや、意志とは関係なく「…だろう」と言うとき、また「必ず…する」と強い意志を表すときは will を使うのが一般的です。

CASE 2　会社員／ルミさんの場合

📝 書きたいこと

8月1日　月曜日

仕事帰りにジュンコとベトナム料理レストランに行った。明日のプレゼンのことが<mark>気になって</mark>、彼女と話していても<mark>うわの空</mark>だった。彼女、気付いていただろうな。

> ⚠️ **ここでつまずく！**
> 「気になる」や「うわの空」はなんと言えばいい？ また、この文の主語は何にすればいいのかな。

こう書く →

Monday, August 1

I went to a Vietnamese restaurant with Junko after work. I was worried about my presentation tomorrow, so I wasn't really listening to her. She must've noticed it.

語注 Vietnamese: ベトナムの／presentation: プレゼンテーション／really: 本当に／notice ...: …に気が付く／it: そのこと。ルミがうわの空だったことを指す

「仕事帰りに」は「仕事の後」と考えて、after work と表します。「明日のプレゼンが気になる」の「気になる」は、言い換えると「心配している」ということ。P. 114 で学習した I'm worried about ...（…が心配だ）を過去形にして、I was worried about my presentation tomorrow. と表しましょう。worried の前に a little（少し）や very（とても）などを入れると心配の度合いを表現できます。学習した構文は、繰り返し使うよう心掛けるといいですね。

「明日のプレゼン」は、tomorrow's presentation でも OK ですが、my presentation tomorrow のように「時」を表す単語を後ろに持ってくると、英語らしくなります。

「うわの空」のような英語にしにくい表現は、日本語をやさしい言葉で置き換えてみましょう。「うわの空」＝「（私が）聞いていなかった」と考えて、I wasn't listening to her. とすれば簡単に表現できます。「彼女の話」は、her story としても問題ありませんが、英語では、her だけでも OK。wasn't の後に really を入れると、「うわの空」のニュアンスにより近くなりますよ。

「彼女、気付いていただろうな」は、P. 146 の ～must've ...（～はきっと…だったのだろう）を使って表すことができます。

155

column

空想日記のススメ

書く題材を日常の出来事に求めていると、書きたいことが何も思い付かなくなったり、内容がマンネリ化している気がしたりして、モチベーションが下がることもあります。

スランプのようなそんな状態を脱する策としてお勧めしたいのが「空想日記」を書くことです。いつか犬を飼いたいと思っている人なら、まだ見ぬ愛犬との日常を空想でつづってみてはどうでしょう。現実と異なる職業に就いたつもりで書いてみるのもいいですし、好きな物語の登場人物になりきってみたり、憧れの芸能人とのドリーム・デートを描いてみたり、とここまで来れば、もう creative writing（創作的なライティング、文芸）と呼べるレベルですね。

この空想日記は、普段の日記には登場しない語彙を身に付ける絶好の機会です。ペットの飼育、業務内容、人間関係、デートスポットなど、これまで注意を払っていなかった分野の英語が、気になりだすのではないでしょうか。

そして何よりも楽しいはずです。英語日記ライフの中で時折訪れるスランプは、日記を書くことが再び新鮮に感じられる方法を工夫すればきっと乗り越えられます。そのためなら、書く気が起きるまで、日記を開かずに放っておくことさえ「あり」ですよ！

words & phrases

英語日記お役立ち
ワード&フレーズ集

日記を書くときに、知っていると役に立つ言葉やフレーズをまとめました。
日々の英語日記にどんどん取り入れて、表現の幅を広げましょう。

CONTENTS

1. 前置詞 —— P.158
2. 時を表す便利な言葉 —— P.162
3. 特別な日とイベント —— P.163
4. 家族関係 —— P.166
5. 地域の活動、行事 —— P.167
6. 子どもの行事 —— P.168
7. 家事 —— P.169
8. おけいこ・趣味 —— P.170
9. 仕事関係 —— P.172
10. 感情を表すフレーズ —— P.174

① 前置詞

日記での使用頻度が高い「場所」や「時」を表す前置詞です。

場所を表す前置詞

at 【「…で」：狭い場所を表す】
I met Alex **at** a cafe.（カフェでアレックスに会った）
I saw him **at** the station.（駅で彼を見掛けた）

in 【「…に」：広い場所を表す】
I want to live **in** Tokyo.（東京に住みたい）
My sister is **in** the U.S.（私の妹はアメリカにいる）

to 【「…へ」：到着点を表す】
I went **to** London.（ロンドンへ行った）
I drove **to** the office.（オフィスまで車で行った）

for 【「…に向かって」：方向や目的地を表す】
She left **for** Rome.（彼女はローマに向かった）
I took a train bound **for** Osaka.（大阪行きの電車に乗った）

into 【「…の中に」：何かの中に入れる（入る）様子を表す】
I put my hand **into** the cookie jar.（クッキーの瓶に手を入れた）
I jumped **into** the hot bath.（熱い風呂に飛び込んだ）

from 【「…から」：場所の起点を表す】
I borrowed a book **from** the library.（図書館から本を借りた）
I got an e-mail **from** Canada.（カナダからEメールを受け取った）

near 【「…の近くに」:距離的に近いことを表す】

My office is near the station.（会社は駅の近くだ）

She lives near my house.（彼女は私の家の近くに住んでいる）

by 【「…のそばに」:near よりも近い距離を表す】

He stood by me.（彼は私のそばに立った）

My keys were by the computer.（鍵はコンピューターのそばにあった）

around 【「…のあちこちを」「…の周りに」:動きや位置を表す】

We traveled around Kyoto.（私たちは京都のあちこちを旅した）

There're cherry trees around the pond.（池の周りに桜の木がある）

in front of 【「…の前で」:人や物の前方を表す】

We met in front of the office.（私たちは会社の前で会った）

I made a speech in front of everyone.（みんなの前でスピーチをした）

behind 【「…の後ろで・に」:人や物の後方を表す】

I found the ring behind the bookshelf.（本棚の後ろで指輪を見つけた）

I hid the letter behind the books.（本の後ろに手紙を隠した）

時を表す前置詞

at 【「…に」：時刻、時を表す】

I took a break at 4.（4時に休憩を取った）

I had lunch at noon.（正午に昼食を取った）

on 【「…に」：日付、曜日、特定の日を表す】

They got married on February 25.（彼らは2月25日に結婚した）

I have a yoga class on Wednesday.（水曜日にヨガのクラスがある）

in 【「…に」：年、月、季節、午前・午後などを表す】

I went to Paris in 2010.（2010年にパリへ行った）

Tom came to my house in the morning.（トムは午前中に私の家に来た）

from 【「…から」：時の起点を表す】

I have a meeting from 9.（9時から会議がある）

I'm going to start a new job from Monday.
（月曜日から新しい仕事を始めるつもりだ）

till 【「…まで」：動作や状態の終点を表す】

I usually work till 5.（たいてい5時まで働く）

I read the book till midnight.（深夜まで本を読んだ）

by 【「…までに」：動作の期限を表す】

I have to call her by Friday.（金曜日までに彼女に電話しなくてはならない）

I will meet him by the end of the week.（週末までに彼に会う）

for 【「…の間」：年、月、日などの期間を表す】

I slept for eight hours.（8時間寝た）

We've lived here for five years.（私たちはここに5年間住んでいる）

during 【「…の間・期間中に」：ある特定の期間を表す】

I met Ted during my vacation.（休暇中にテッドと会った）

I fell asleep during the concert.（コンサート中に眠ってしまった）

in 【「（今から）…後に」：時間の経過を表す】

He will go back in two weeks.（彼は2週間後に帰る）

The dinner will be ready in five minutes.（夕食は5分後にできる）

before 【「…の前に・よりも前に」：ある時よりも前を表す】

I read a newspaper before breakfast.（朝食の前に新聞を読む）

We went out before noon.（私たちは正午前に出掛けた）

after 【「…の後に」：ある時よりも後を表す】

I watched TV after dinner.（夕食後にテレビを見た）

The gym closes after 11.（ジムは11時以降は閉まる）

そのほか

with 【「…と一緒に」：同伴を表す】

I went to the party with my wife.（妻と一緒にパーティーに行った）

He lives with Lisa.（彼はリサと住んでいる）

for 【「…のために」：目的、理由などを表す】

I baked a cake for my daughter.（娘のためにケーキを焼いた）

He started a part-time job for money.（彼はお金のためにバイトを始めた）

by 【「…で」：交通、通信などの手段を表す】

I sent the order form by fax.（ファクスで注文書を送った）

I go to the station by bus.（バスで駅まで行く）

2 時を表す便利な言葉

時を表す語句は、文の最後につけるのが一般的です。
I'm busy now.(今、忙しい)や、I have a test the day after tomorrow.
(あさって、試験がある)という具合です。

☐	今	now
☐	今日	today
☐	昨日	yesterday
☐	おととい	the day before yesterday
☐	明日	tomorrow
☐	あさって	the day after tomorrow
☐	今夜	tonight
☐	昨夜	last night
☐	明日の夜	tomorrow night
☐	今週	this week
☐	先週	last week
☐	来週	next week
☐	今月	this month
☐	先月	last month
☐	来月	next month
☐	今年	this year
☐	去年	last year
☐	来年	next year
☐	近いうちに	soon
☐	後で	later
☐	…前	... ago （例:「2年前」は two years ago）

ろ 特別な日とイベント

日本の主な祝日や行事を紹介します。中には、祝い方や由来が異なるため、決まった英訳がないものもありますが、それらはローマ字で書いてもOKです。

祝日

☐ 1月1日	元旦	**New Year's Day**
☐ 1月第2月曜日	成人の日	**Coming-of-Age Day**
☐ 2月11日	建国記念の日	**National Foundation Day**
☐ 3月20日ごろ	春分の日	**Vernal Equinox Day**

（vernal は「春の」、equinox は「昼夜平分時」のこと）

☐ 4月29日	昭和の日	**Showa Day**
☐ 5月3日	憲法記念日	**Constitution Memorial Day**
☐ 5月4日	みどりの日	**Greenery Day**
☐ 5月5日	こどもの日	**Children's Day**
☐ 7月第3月曜日	海の日	**Marine Day**
☐ 9月第3月曜日	敬老の日	**Respect-for-the-Aged Day**
☐ 9月23日ごろ	秋分の日	**Autumnal Equinox Day**
☐ 10月第2月曜日	体育の日	**Sports Day**
☐ 11月3日	文化の日	**Culture Day**
☐ 11月23日	勤労感謝の日	**Labor Thanksgiving Day**
☐ 12月23日	天皇誕生日	**the Emperor's Birthday**

主な行事

☐ 1月初め	正月	the New Year
☐ 2月3日ごろ	節分	*Setsubun* (Bean-Throwing Ceremony)
☐ 2月14日	バレンタインデー	(St.) Valentine's Day
☐ 3月3日	桃の節句、ひな祭り	Doll Festival
☐ 3月・9月	彼岸	equinox week
☐ 3月14日	ホワイトデー	White Day
☐ 5月5日	端午の節句	Boys' Festival
☐ 5月第2日曜日	母の日	Mother's Day
☐ 6月第3日曜日	父の日	Father's Day
☐ 7月7日	七夕	Star Festival
☐ 8月15日ごろ	お盆	*Bon* Festival
☐ 11月15日	七五三	Seven-Five-Three Festival
☐ 12月24日	クリスマスイブ	Christmas Eve
☐ 12月25日	クリスマス	Christmas (Day)
☐ 12月31日	大みそか	New Year's Eve

さまざまな休み

☐ 春休み	spring break
☐ 夏休み	summer vacation
☐ 冬休み	winter holidays
☐ ゴールデンウィーク	the "Golden Week" holidays
	（Golden Week は和製英語です）
☐ 年末年始の休暇	Year-end and New Year holidays

さまざまなイベント

- [ ] お見合い — **arranged date**
- [ ] お祭り — **festival**
- [ ] 温泉旅行 — **hot spring trip**
- [ ] 歓迎会 — **welcome party**
- [ ] キャンプ旅行 — **camping trip**
- [ ] 結婚記念日 — **wedding anniversary**
- [ ] 結婚式 — **wedding**
- [ ] 結婚披露宴 — **wedding reception**
- [ ] 合コン — **singles' party**
- [ ] サプライズパーティー — **surprise party**
  （当人には事前に知らせず、当日驚かせるパーティー）
- [ ] 新居お披露目パーティー — **housewarming (party)**
- [ ] 新年会 — **New Year's party**
- [ ] 送別会 — **farewell party**
- [ ] 誕生日パーティー — **birthday party**
- [ ] 同窓会 — **class reunion**
- [ ] バーベキューパーティー — **barbecue/BBQ**
- [ ] 花火大会 — **fireworks display**
- [ ] 日帰り旅行 — **day trip**
- [ ] フリーマーケット — **flea market**
- [ ] ベビーシャワー — **baby shower**
  （出産間近の女性に女友達がお祝いの品を持って集まるパーティー）
- [ ] 忘年会 — **year-end party**
- [ ] 持ち寄りパーティー — **potluck party** （各自料理を持ち寄るパーティー）
- [ ] ライブ — **live concert**

④ 家族関係

ここでは、家族の呼び方だけでなく、伯父やいとこ、義理の父といった親戚関係の呼び方も紹介します。

☐ 兄	(older/big) brother	
☐ 姉	(older/big) sister	
☐ 弟	(younger/little) brother	
☐ 妹	(younger/little) sister	
☐ いとこ	cousin	
☐ 甥	nephew	
☐ 姪	niece	
☐ 伯父／叔父	uncle	
☐ 伯母／叔母	aunt	
☐ 義理の兄弟	brother-in-law	
☐ 義理の姉妹	sister-in-law	
☐ 義理の父	father-in-law	
☐ 義理の母	mother-in-law	
☐ 子ども	child/kid	（複数は children/kids）
☐ 祖父	grandfather/grandpa	
☐ 祖母	grandmother/grandma	
☐ 父	father/dad	
☐ 夫	husband	
☐ 母	mother/mom	
☐ 妻	wife	
☐ 息子	son	
☐ 娘	daughter	
☐ 孫	grandchild/grandkid	

5 地域の活動、行事

活動や行事を中心に、地域生活に関連する語彙を集めました。日本社会特有のものも多いので、英語にしにくいものは、日本語をローマ字書きにするだけでもいいでしょう。

☐	回覧板	**circular**
☐	講演会	**lecture**
☐	工事	**construction**
☐	交通当番	**crossing guard**

（crossing は「横断歩道」のことです）

☐	懇親会	**get-together**
☐	清掃活動	**cleaning**
☐	断水	**water outage**
☐	町内会	**neighborhood association**
☐	廃品回収	**collection of waste materials**
☐	バザー	**bazaar**
☐	婦人会	**women's association**
☐	防災訓練	**emergency drill**
☐	防犯パトロール	**anti-crime patrol**
☐	ボランティア活動	**volunteer activity**
☐	盆踊り大会	***Bon* dance festival**
☐	祭り	**festival**

6 子どもの行事

年間行事を中心に、子どもの学校生活に関する語彙を集めました。

- ☐ 入学式 — **entrance ceremony**
- ☐ 始業式 — **term-opening ceremony**
- ☐ 終業式 — **term-closing ceremony**
- ☐ 卒業式 — **graduation ceremony**
- ☐ 給食 — **school lunch**
- ☐ 部活動 — **club activity**
- ☐ 宿題 — **homework**
- ☐ 塾 — **cram school / prep school**
- ☐ 遠足 — **excursion**
- ☐ 社会見学 — **field trip**
- ☐ 修学旅行 — **school trip**
- ☐ 林間学校 — **camp school / open-air school**
- ☐ 授業参観日 — **observation day**
- ☐ 保護者会 — **parents' meeting**
- ☐ 中間試験 — **midterm exams**
- ☐ 期末試験 — **final exams**
- ☐ 通知表 — **report card**
- ☐ 夏休み — **summer vacation**
- ☐ 冬休み — **winter vacation**
- ☐ 春休み — **spring vacation**
- ☐ 運動会 — **field day**
- ☐ 学園祭、文化祭 — **school festival**
- ☐ 学芸会 — **school play**

① 家事

家事について書くときに、知っていると便利な表現を集めました。
家事で使う物の名前も覚えておくとよいでしょう。

- ☐ 片付ける — **clean up**
- ☐ …を掃く — **sweep ...**
- ☐ 掃除機をかける — **vacuum**
- ☐ …を修理する — **fix ...**
- ☐ ごみを出す — **take out the garbage**
- ☐ ごみを分別する — **separate the garbage**
- ☐ しみ — **stain**
- ☐ 洗剤 — **detergent**
- ☐ 洗濯機 — **washing machine**
- ☐ 洗濯をする — **do the laundry**
- ☐ 洗濯物を外に干す — **hang out the laundry**
- ☐ 服を手洗いする — **wash the clothes by hand**
- ☐ 乾燥機で乾かす — **tumble-dry**
- ☐ アイロンをかける — **do the ironing**
- ☐ …を繕う — **mend ...**
- ☐ 食材 — **ingredients**
- ☐ 炊飯器 — **rice cooker**
- ☐ 電子レンジ — **microwave**
- ☐ …を焦がす — **burn ...**
- ☐ 料理 — **cooking**
- ☐ 料理の残り物 — **leftovers**
- ☐ 冷凍食品 — **frozen food**
- ☐ レシピ — **recipe**

8 おけいこ・趣味

余暇について書いたり話したりするときに役立つ、習い事や趣味に関する表現です。

☐ アニメ	*anime* / animation
☐ 編み物	knitting
☐ ウェブ（ホームページ）デザイン	Web design
☐ 映画鑑賞	(going to the) movies
☐ 英会話	English (conversation)
☐ F1レース観戦	(watching) Formula One
☐ 演劇、舞台	theater
☐ お笑い番組	(watching) comedy shows
☐ 絵画（油絵、水彩画）	painting (oil painting, water-color painting)
☐ ガーデニング	gardening
☐ 韓国ドラマ	Korean dramas
☐ 切手収集	collecting stamps
☐ 競馬	horse racing
☐ ゴルフ	golf
☐ 裁縫	sewing
☐ 茶道	Japanese tea ceremony
☐ 自動車教習所	driving school
☐ 写真	photography
☐ 書道	Japanese calligraphy
☐ 水泳	swimming
☐ スキューバダイビング	scuba diving
☐ スノーボード	snowboarding

☐	釣り	**fishing**
☐	テニス	**tennis**
☐	テレビゲーム	**video games**
☐	陶芸	**pottery**
☐	日曜大工	**do-it-yourself**
☐	ネイルアート	**nail art**
☐	熱帯魚の飼育	**keeping tropical fish**
☐	俳句	***haiku***
☐	パソコン	**computing**
☐	パチンコ	***pachinko***
☐	ピラティス	**Pilates**
☐	ビリヤード	**pool / billiards**
☐	武術	**martial arts**
☐	フラダンス	**hula dancing**
☐	フラワーアレンジメント	**flower arranging**
☐	ボランティア活動	**volunteer activities**
☐	マージャン	**mahjong**
☐	漫画	**comics**
☐	模型作り	**model-making**
☐	山登り	**climbing**
☐	ランニング	**running**
☐	リフレクソロジー	**reflexology**
☐	料理教室	**cooking lessons**
☐	旅行	**traveling**

9 仕事関係

仕事に関連する頻出表現を紹介します。
職場での出来事、業務にまつわることを日記に書く際には、
ぜひ参考にしてください。

- ☐ アルバイト／パート（の仕事） **part-time job**
- ☐ 契約社員 **contract worker**
- ☐ 派遣社員 **temporary worker / temp**
- ☐ 新入社員 **new member of staff**
- ☐ 正社員 **full-time employee**
- ☐ 採用面接 **job interview**
- ☐ 就職／転職活動 **job-hunting**
- ☐ 退職する **leave a job**
- ☐ 皆勤 **perfect attendance**
- ☐ 定時に退社する **leave the office on time**
- ☐ 残業 **overtime (work)**
- ☐ 夜勤 **night shift**
- ☐ 早番 **early shift**
- ☐ 遅番 **late shift**
- ☐ 早退する **leave early**
- ☐ 半休 **half-day off**
- ☐ 病欠 **sick leave**
- ☐ 有給休暇 **paid holiday / paid vacation**
- ☐ 代休 **holiday in lieu**
- ☐ 給料日 **payday**
- ☐ ボーナス支給日 **bonus day**
- ☐ 年末調整 **tax adjustment**

☐	領収書をもらう	get a receipt
☐	払い戻し	reimbursement
☐	昼休み	lunch break
☐	社員食堂	company cafeteria
☐	…の創立記念日	anniversary of the founding of …
☐	健康診断	medical checkup
☐	研修	training
☐	保養所を予約する	make a reservation at a resort facility
☐	社員旅行	company trip
☐	朝礼	morning meeting / morning gathering
☐	部内会議	departmental meeting
☐	電話会議	conference call
☐	Eメールをチェックする	check *one's* e-mail
☐	打ち合わせ	meeting
☐	報告書を書く	make a report
☐	日報	daily report
☐	出張	business trip
☐	棚卸し	inventory taking / stocktaking
☐	取引先を訪問する	visit a client
☐	見積書を作る	make an estimate
☐	請求書を発行する	issue an invoice
☐	売り上げ目標	sales target
☐	苦情処理する	take care of complaints
☐	人事異動	internal transfer
☐	人事評価	personnel evaluation
☐	転勤(する)	transfer
☐	本社へ転勤になる	be transferred to the head office

10 感情を表すフレーズ

自分の気持ちを伝えるためのフレーズです。日記に書き加えたり、口に出したりして使ってみましょう。各フレーズの解説も参考にしてください。

喜びを伝える

I did it!【やったぞ！】
自分のしたことがうまくいったときに喜びを伝える表現です。I passed the exam. I did it!（試験に受かった。やったぞ！）という具合です。人の成功については、He did it! や She did it! などと主語を変えましょう。

Lucky me!【ツイてる！】
自分にとっていいことが起きたときや、幸運に恵まれたときに使う表現です。
I won a lottery. Lucky me!（宝くじに当たった。ツイてる！）という具合です。I'm lucky! と言うこともできます。

I'm so thrilled.【すごくワクワクする】
デートやパーティーなどについて、ワクワクした気持ちを述べるときの表現です。
happy と excited を混ぜたような感情を表します。「ゾクゾクする」と言うときにも使えます。

He made my day.【彼のおかげでいい日になった】
プレゼントをもらった、いい知らせを聞かされた、褒められた……など、人（ここでは彼）にしてもらったことに対して、喜びと感謝を同時に表した表現です。主語の He は、You、My children、人名などとも入れ替え可能です。

I couldn't be happier.【最高に幸せ！】
うれしい気持ちを強調した表現です。couldn't be happier は「これ以上幸せにはなれない」が直訳です。つまり、「（今が）最高に幸せ」ということ。

I'm glad it's over.【終わってうれしいよ】
試験や面接、プレゼンテーションなど、緊張した出来事が終わってほっとしたときに用いる表現です。
I'm glad を I'm happy に置き換えることもできます。

It was a great surprise.【うれしい驚きだった】
予想していなかったことに対してうれしさを表現するときに使います。
朗報には、It was great news. と表現することもできます。

I'm proud of myself.【自分を褒めてあげたいよ】
成功したとき、よい結果を出したとき、昇給・昇格したときなど、自分自身を褒めてあげたいときに使う表現です。
be proud of ... は「…を誇りに思う」という意味。

悲しみを伝える

I almost cried.【泣きそうになった】
泣くのをこらえたときに使う表現です。almost は「もう少しで」という意味。
The movie was touching. I almost cried.(映画に感動した。泣きそうになった)という具合です。

I felt like crying.【泣きたい気分だった】
悲しいことや残念なことについて泣きたい気分だったときに使います。
feel like ...(動詞の -ing 形)は「…したい気分だ」という意味。felt は feel の過去形です。

I cried all night.【一晩中泣いた】
all night は「一晩中」という意味。I cried all day. とすると、「一日中泣いた」となります。
I had a fight with my dad. I cried all night.(父親とけんかした。一晩中泣いた)という具合です。

I feel so empty.【むなしいよ】
empty は「空の」という意味です。ここでは、「心が空の」と考えて、「むなしい」という意味になります。
My son never calls me. I feel so empty.(息子がちっとも電話をくれない。むなしいよ)のように使えます。

I'm feeling low.【落ち込むなあ】
気分が乗らないときや憂うつなときに使います。feel low は「落ち込んだ」という意味です。
ほかに、「落ち込む」という意味の depressed を使って、I'm feeling depressed. と言うこともできます。

I've never been this sad.【こんなに悲しい思いをしたのは初めて】
めったにないほど悲しい経験をしたときに使う表現です。I can't believe we broke up. I've never been this sad.
(私たちが別れたなんて信じられない。こんなに悲しい思いをしたのは初めて)という具合です。

I never expected this.【予想もしてなかったよ】
思いもよらないことが起きたときに使う表現です。I didn't expect this(to happen). を強調したもので、
My company went bankrupt. I never expected this.(会社が倒産した。予想もしてなかったよ)という具合です。

It broke my heart.【胸が張り裂けそうだった】
大切な人を亡くしたときなど、胸が張り裂けそうな経験をしたときに使う表現です。
broke は「…を壊した」という意味で、原形は break。

It's too much to take.【つらすぎるよ】
too ... to ～ は「～するにはあまりに…すぎる」、ここでの take は「受け入れる」という意味で、
「(事実を)受け入れるにはあまりにも多すぎる」が直訳。転じて、「つらすぎるよ」という意味になります。

怒りを伝える

It's really upsetting.【本当に腹が立つ】
腹立たしい出来事に対して使う表現です。upsetting にはほかに、「がっかりさせる」という意味もあり、「本当にがっかりだ」という意味でも使えます。

It gets on my nerves.【癇(かん)に障るなあ】
nerve とは「神経」のことで、get on my nerves で「私の癇に障る」「私をいらいらさせる」という意味になります。くだけた表現で、主語の It は、He や She などと入れ替えることもできます。

So what?【だから何よ!】
いらいらしたときに使う表現です。Makiko says I talk too much. So what?(マキコいわく私はおしゃべりだと。だから何よ!)という感じです。「それがどうしたって言うのよ!」というニュアンスにもなります。

I couldn't stand it.【我慢できなかった】
couldn't stand it は「我慢できなかった」という意味。実際に我慢ができずに次の行動に移った場合と、我慢できないほどの感情だったことを表すだけで特に何も行動を起こさなかった場合のいずれにも使うことができます。

He deserved it.【彼には自業自得だ】
deserve は「…に値する」という意味で、この it は主語が受けた状況を指しています。「彼はこうなることに値する」、つまり「自業自得」という意味になります。deserve は称賛などに値する場合にも使われます。

I can't stand the sight of her.【彼女の顔を見るのもイヤだ】
can't stand ... は「…が我慢できない」、the sight of her は「彼女の姿を目にすること」。これで、「彼女の顔も見たくない」「顔を見るのもイヤだ」となります。her は him などでも OK です。

It's stressful.【ストレスがたまるよ】
ストレスのたまるような出来事について使います。I have to work overtime every day. It's stressful.(毎日残業しなければならない。ストレスがたまるよ)のように使えます。

It was a waste of time and money.【お金と時間のムダだったよ】
お金と時間をムダにしたと思うような作品やパフォーマンスなどについて使います。この waste は「無駄」という意味の名詞ですが、「無駄使いする、浪費する」という意味の動詞として使われることもあります。

It's none of my business.【私の知ったことではないよ】
自分とは関係ない、と言うときの表現です。none of ... は「どれも…ない」、business はここでは「かかわり合いのあること」という意味。It's none of your business. とすると、「あなたには関係ないでしょう」という意味になります。

自分を励ます

I can do it.【私ならできる】
自分自身の気持ちを高めたり、自分ならできると自身に言い聞かせたりするときの表現です。
I will do it. だと「よし、やるぞ！」とより強い意気込みを表現できます。

I've got nothing to lose.【ダメもとだよ】
望みの薄いことに挑戦するときなどに使います。I've got ... は I have ... と同じく、「…を持っている」という
意味です。nothing to lose で「失うものは何もない」ということ。これで、「ダメでもともと」となります。

It wasn't my day.【今日はついてなかっただけさ】
my day は「私の日」が直訳ですが、これで、「私らしくない日→ついていない日」となります。
I made a mistake at work. It wasn't my day.（職場でミスをした。今日はついてなかっただけさ）という具合です。

I did everything I could.【できるだけのことはやったさ】
思い通りの結果ではないけれど、できるだけのことはしたから後悔はしていないときに使う表現。
I couldn't fix it, but I did everything I could.（修理できなかったけれど、できるだけのことはやったさ）という具合。

I'm not the only one.【私だけじゃないよ】
失敗したとき、うまくいかなかったときなどに自分を励ます表現です。
I failed the exam, but I'm not the only one.（試験に落ちてしまった。でも私だけじゃないよ）のように使います。

Better luck next time.【次があるさ】
うまくいかなかったことに対して、次のチャンスにかけるときに使います。
better luck は「もっとよい運」という意味。「次こそ絶対に」というニュアンスです。

Worrying about it won't solve anything.
【心配しても仕方がないな】
「そのことについて心配しても何も解決はしない」が直訳です。worrying about it は「そのことについて心配する
こと」、solve は「…を解決する」と言う意味。心配事を打ち消したいときに使いましょう。

My hard work will eventually pay off.【努力が報われるときが来るさ】
pay off は「（努力などが）報われる」という意味です。
hard work は「頑張り、努力」、eventually は「いつか、いずれ」という意味です。

So far, so good.【今のところは順調だ】
今までの経過を見て問題ない、と言うときの表現です。
I'm enjoying my new job. So far, so good.（新しい仕事を楽しんでいる。今のところは順調だ）という具合です。

書きたいことが見つかる！
日記表現INDEX

本書の構文、「入れ替え表現集」、「例えばこう書く」で紹介した表現の中から、特に日記に役立ちそうな表現約1100を日本語で引くことができる索引です。

- 汎用性のある表記を心掛けたため、活用形、冠詞、名詞の単複など、本文での使用例と異なる場合があります
- 登場する場所（ページ）は、最多2カ所まで記載しています
- 英語の斜体部分は次のように使い分けられています

one's ▶ *one's* の場所には、文の主語と一致する所有格の人称代名詞（my、his、Mom's など）が入ります。

例）「give ... *one's* e-mail address（…にEメールアドレスを教える）」の場合
　　I gave Miki my e-mail address.（私はミキに私のEメールアドレスを教えた）
　　文の主語が「I」なので、所有格は「my」になります。

someone's ▶ *one's* 同様、所有格の人称代名詞ですが、文の主語と一致しないことが多いケースです。

例）「read *someone's* e-mail（…からのEメールを読む）」の場合
　　I read his e-mail.（彼からのEメールを読んだ）
　　文の主語は「I」ですが、所有格は my ではなく「his」です。

oneself ▶ myself、himself、herself などの再帰代名詞が入ります。文の主語と一致します。

例）「blame *oneself*（自分自身を責める）」の場合
　　He should blame himself.（彼は自分自身を責めるべきだ）
　　文の主語が「He」なので、再帰代名詞は「himself」になります。

【あ】

日本語	英語	ページ
（…に）あいさつをする	say hello to ...	17
アイススケート	ice skating	36
アイロンがけをする	do some ironing	76
（…と）会う	meet ...	58、64
（…に）会う	see ...	62、112
（…に）合う	suit ...	132
（…と）会う（付き合う）のをやめる	stop seeing ...	74
あきらめる	give up	106
悪夢	nightmare	96
脚	leg	152
味わい深い	flavorful	100
汗臭い	sweaty	127
汗を流す（運動する）	work out	52
暖かい	warm	14、148
頭にくる	upset	18
頭のいい	smart	88
新しい靴	a new pair of shoes	26
新しい服を探しに行く	check out new clothes	26
暑い	hot	14
集まり	gathering	
集まる	get together	42
（友人と）集まる	get together (with *one's* friends)	52
穴があく	get a hole	94
脂っこい	greasy	100
甘い	sweet	84
甘い物	sweets	130
（…を）あまり見かけない	don't see much of ...	150
雨が激しく降る	pour	14
雨が降る	rain	14、148
雨に濡れる	get wet in the rain	94
雨の日	rainy day	126
アメリカ	the States	24、25
謝る	apologize	38
（…に）謝る	apologize to ...	74
アルバイトをする	work part-time	62
（肌などが）荒れる	get rough	71
アレルギー	allergy	114、148
慌てて	in a hurry	140
案	idea	132
安産する	have an easy delivery	65
安心	relief	88
安静にしている	stay in bed	58
あんなこと	such a thing	152

【い】

日本語	英語	ページ
言い過ぎる	say too much	148
（…に）Eメールアドレスを教える	give ... *one's* e-mail address	40
（…の）Eメールに返信する	reply to *someone's* e-mail	68
Eメールを送る	send an e-mail	38

日本語	English	ページ
(…に)Eメールを返信する	e-mail ... back	86
(…からの)Eメールを読む	read someone's e-mail	92、140
言い訳をする	make an excuse<excuses>	74、152
(…の)言うことを聞かない	don't listen to ...	152
家で食べる	eat at home	76
家に居る	stay home	130
(…の)家に泊まる	stay over someone's house	54
(…の)家に一晩泊まる	spend a night at someone's house	44
家をリフォームする	renovate one's house	138
意外にも	surprisingly	43
(…に)行く	visit ...	62、116
居心地のいい	cozy	84
居心地のいい	comfortable	98
医者に行く	go to the doctor	58
医者に診てもらう	see a doctor	72
医者の言うことを聞く	listen to one's doctor	70
以前に	before	142
忙しい	busy	58
急ぐ	hurry	129
(…が)痛い	feel a pain in one's ...	20、21
痛む	ache	152
イタリア	Italy	116
一度に、一気に	all at once	18
1日中	all day	44、45
一生懸命(しっかり)勉強する	study hard	60、68
(…と)一緒に行く	go with ...	76
(…と)一緒に来る	come along with ...	120
5つ星の	five-star	26
(…に)1杯おごる	buy ... a drink	26
1杯飲む	get a drink	110
いつも	all the time	150
いつも	always	150
(…すると)いつも	every time ...	150
(…に)異動する	move to ...	24
いとこ	cousin	112
犬の散歩をする	walk one's dog	66
犬を散歩に連れていく	take one's dog for a walk	38
イライラさせる	annoying	84
イライラしている	frustrated	144
印象的な	impressive	84
インフルエンザ	flu	115

【う】

日本語	English	ページ
ウイルスに感染している	be infected with a virus	148
(運動のため)ウォーキングを始める	start walking for exercise	24
浮かれ騒ぐ	celebrate	130
(…の)後ろに	behind ...	92
(…のことを)後ろめたく感じる	feel guilty about ...	46
うそをつく	lie	86
(…に)うそをつく	lie to ...	150
内気な	shy	18
腕時計を着ける	put one's watch on	40
うまくいく	go well	122
(…をうまく説明する	explain ... well	38

日本語	English	ページ
うまくやる	do OK	148
(…とうまくやる	get along with ...	86
生まれたばかりの	newborn	110
海で泳ぐ	swim in the ocean	42
海に行く	go to the beach	52
売り切れる	be sold out	94、95
うるさい	noisy	121
うわーっ	wow	25
うわさ話を広める	spread a gossip	120
うわさを聞く	hear a rumor	142
運転免許を取る	get one's driver's license	78
運動をする	work out	32

【え】

日本語	English	ページ
エアロビクス	aerobics	36
映画	movie	96、98
英会話学校に通う	go to an English school	138
映画館で映画を見る	watch a movie in a theater	42
映画に行く	go to the movies	32
(…を)映画に誘う	ask ... out to the movies	58
映画を見る	see a movie	108
英検1級を受ける	take the first grade of the EIKEN tests	138
英語で本を読む	read books in English	118
英語をうまく話す	speak English well	150
英語を勉強する	study English	60
英語を流ちょうに話す	speak fluent English	118
栄養士	nutritionist	138
(…に)餌をやる	feed ...	40
SF映画	sci-fi movie	96
エネルギッシュな	energetic	22
(…に)選ばれる	be chosen to be ...	47
(…を)選ぶ	choose ...	76
得るところの多い	informative	100
絵を描く	draw pictures	118

【お】

日本語	English	ページ
甥	nephew	91、108
おいしい	tasty	84
おいしい	delicious	90、100
(…のことを)応援する	cheer ... on	20
横柄な	arrogant	22
(…を)終える	finish ...	38
(…の)大きさ	the size of ...	92
大きな失敗をする	make a big mistake	114
オーストラリア	Australia	113
大喜びの	overjoyed	146
お母さん	Mom	139
お買い得(品)	steal	88
おかしい	hilarious	18
お金を下ろす	withdraw some money	68
(…に)お金を返す	pay ... back the money	66
(…に)お金を返す	return the money to ...	142
お金を節約する	save money	60

179

日本語	英語	ページ
お金をたくさん使う	spend so much money	120
お金をためる	save money	56
お金を無駄にする	waste money	70
お気に入りの	favorite	63, 94
(…の)身に起きる	happen to ...	140
(…を〜に)置き忘れる	leave ... at 〜	148
奥の深い	deep	98
億万長者	billionaire	144
遅れてくる	come late	120
(…に)遅れてくる	come late for ...	75
怒った	mad	20
お酒	drink	34
お酒を控える	refrain from drinking	66
おしゃれをする	dress up	56
遅くまで寝ている	sleep in	124
落ち込んでいる	depressed	20
(…に)落ちる	fail ...	87
おっと、やばい	Uh-oh	69
お父さん	Dad	139
おとぎ話	fairy tale	96
大人	adult	152
おとなしい	quiet	22
驚き	surprise	88
驚くような	surprising	84
驚くような話	amazing story	88
お腹が空いて	hungry	146
(…と)同じくらいの年齢	about the same age as ...	132
同じ時間帯に	around the same time	99
おばあちゃん、祖母	grandma	86
(…を)覚えている	remember ...	90
(…を)思い付く	come up with ...	69
思いやりのある	thoughtful	88
重苦しい	heavy	98
面白い(興味深い)	interesting	84, 94
面白い(おかしい)	funny	84
泳ぐ	swim	110
(100メートル)泳ぐ	swim 100 meters	118
(…に)折り返し電話する	return *someone*'s call	145
(…に)恩返しする	repay ...	122
温泉に行く	go to a hot spring	56, 116
(…を)温泉に連れて行く	take ... to a hot spring	138

【か】

日本語	英語	ページ
海外で働く	work abroad	122
海外に移住する	emigrate abroad	54
海外旅行	trip overseas	26
海外旅行をする	travel abroad	116
会議	conference	76
外交的な	outgoing	124
外国語	foreign language	96
会社	office	32
会社	company	94
会社で、職場で	at work	35
会社に電話する	call the office	72
会社を早退する	leave the office early	150
会社を定時に出る	leave *one*'s office on time	90
外出する	go out	44
外食をする	eat out	26, 130
(…を)買いに行く	go buy ...	39
会費	membership fee	152
会話	conversation	46
(…を)買うお金を持っている	have enough money to buy ...	106
カウチ	couch	60
(…を)返す、返却する	return ...	32, 66
(…へ)帰る	go back to ...	132
(…に)顔を出す	show up at ...	128
(…の)顔を見る	look at *someone*'s face	46
(…には)関わらない	stay out of ...	70
家具	furniture	114
学習者	learner	20
学生時代	*one*'s school days	124
学費	school fees	26
(…に)傘を置き忘れる	leave *one*'s umbrella at ...	148
(…の)家事を手伝う	help ... with the housework	58, 120
風が心地よい	breezy	14
風が強い	windy	14, 53
風邪をひいている	have a cold	146
風邪をひく	catch a cold	15
家族と夕食を食べる	eat dinner with *one*'s family	38
堅苦しい	formal	100
堅苦しい人	square	140
(コンピューターなどの動きが)固まる	freeze	149
がっかり(なこと)	letdown	88
(…を)がっかりさせる	let ... down	128
がっかりな	disappointing	84
学期	semester	110
学校生活を楽しむ	enjoy *one*'s school life	122
カッとなる	get upset	46
カッとなる	lose *one*'s temper	128
(…を)家庭で調理する	cook ... at home	18
家電量販店	electronics retail store	108
悲しい	sad	84
必ず	for sure	45
可能な、できる	possible	57
カフェ	cafe	36
カフェインを取り過ぎる	take too much caffeine	70
花粉の季節	pollen season	114
髪型を変える	change *one*'s hairstyle	130
雷が鳴る	thunder	14
髪の色を変える	change *one*'s hair color	54
髪を切る	get a haircut	116
髪を染める	dye *one*'s hair	24
髪を伸ばしている	have long hair	22
辛い	spicy	18, 100
辛い	hot	100
カラオケで歌う	sing karaoke	130
(…を)からかう	make fun of ...	128
がらくた	junk	60
ガラス製品	glassware	143

日本語	English	ページ
体が…な感じがする	my body feels ...	37
軽い、気楽な	light	37, 98
軽めの食事	light meal	34
かわいい	adorable	88
かわいい	cute	147
（…のことを）考える	think about ...	20, 46
（…と）関係がある	have something to do with ...	141
韓国の	Korean	34
頑固な	stubborn	22
頑固な	bullheaded	144
感じが悪い、意地が悪い	mean	150
感謝している	grateful	20
感傷的な	mushy	98
間食	snack	34
感心して	impressed	146
（…に）関心を示す	show an interest in ...	90
（…に）関心を持っている	be interested in ...	132
（…に）感染する	be infected with ...	149
乾燥機付き洗濯機	washer-dryer	27
乾燥した	dry	14
感動した	touched	147
感動的な	moving	84
頑張る	work hard	86
感銘を受ける	feel impressed	46

【き】

日本語	English	ページ
企画	project	144
気軽な	casual	98
起業家	entrepreneur	89
危険な状態の	serious	106
（…に）傷を付ける	ruin ...	114
奇跡を目の当たりにする	witness a miracle	96
規則正しい生活をする	regulate one's daily life	68
基礎の	basic	100
帰宅する	get back home	44
きちんとまとまっている	well-organized	100
（衣服などが）きつい	tight	63
（…だと）気付く	recognize ...	150
切手	stamp	68
（…に）来てもらう	ask ... to come over	58
（…を）気に入る	like ...	106, 132
気の利いた	smart	98
奇抜な	unusual	88
（…の）気持ちを傷付ける	hurt someone's feelings	148
着物を着る	wear a kimono	110
休暇	vacation	26
休暇を延長する	extend one's vacation	122
休暇を取る	take a vacation	54
休日	holiday	96
旧友	old friend	90
休養を取る	take a rest	68
協力的な	supportive	144
（…が）着られる	fit into ...	60
霧が深い	foggy	14

日本語	English	ページ
霧雨が降る	drizzle	14
霜の降りた	frosty	148
（…を）着る・身に付ける	wear ...	108, 111
禁煙する	quit smoking	24
禁煙する	give up smoking	62
金欠の	broke	150
銀行へ行く	go to the bank	40
緊張している	nervous	146
筋肉痛になる	one's muscles will be sore	132
勤勉な	hardworking	22

【く】

日本語	English	ページ
具合（体調）が悪い	feel sick	58
（…時までに）空港に着く	get to the airport by ...	70
（…を）空港まで迎えに行く	pick ... up at the airport	64
偶然	coincidence	88
偶然…する	happen to ...	23
（…に）偶然出会う	run into ...	92
空腹で	hungry	35
くしゃみが止まらない	keep sneezing	152
薬を飲む	take (one's) medicine	40, 58
口答えする	talk back	38
愚痴を言う	complain	46
（…のために）クッキーを焼く	bake ... some cookies	56
くつろぐ	relax	96
くつろげる	relaxing	98
曇った	cloudy	14
暗がりで本を読む	read in the dark	70
クラス会に出席する	attend the class reunion	62
（パソコンが）クラッシュする	crash	114
クラブで踊る	dance at a club	44
クリーニング屋に…を持っていく	take ... to the dry cleaner's	40, 68
クリスマスカード	Christmas card	148
（…を）車で家に送る	drive ... home	120
車にガソリンを入れる	put gas in one's car	68
車にスノータイヤを付ける	put snow tires on one's car	72
車の運転ができる	can drive	124
車酔いをする	get carsick	114
車を売る	sell one's car	138
車を修理に出す	take one's car to a mechanic	26
クレジットカードの申し込みをする	apply for a credit card	138
クレジットカードを使う	use a <one's>credit card	44, 78
苦労をする	have hardship	146
クローゼットを整理する	organize one's closet	68

【け】

日本語	English	ページ
計画的な	well-planned	100
景気	economy	114
経験豊富な	experienced	146
携帯電話を買う	get a cellphone	72
携帯電話を替える	change one's cellphone	54
毛皮	fur	96
けちな	stingy	22

結果	result	94	
結婚記念日	wedding anniversary	112	
結婚式	wedding	108	
結婚する	get married	16	
欠席して	absent	123	
(…の)結末	the ending of ...	94	
月曜が定休日である	be closed on Mondays	142	
(…の)原因になる	cause ...	71	
厳格な	strict	22	
玄関の鍵をかける	lock the front door	40	
元気が出る	inspiring	84	
元気がない	look unhappy	150	
健康管理をしっかりする	take good care of *one's* health	70	
健康診断の結果	results of *one's* physical	114	
健康的な	healthy	35, 100	
健康的な生活を送る	lead a healthy life	118	
玄米	brown rice	36	

【こ】

(…を)恋しい	miss ...	133, 142	
子犬を飼う	get a puppy	116	
行為	gesture	88	
光陰矢のごとし	Time flies.	25	
幸運な	lucky	146	
光栄	honor	88	
講演、講義	lecture	19, 57	
講演者	lecturer	57	
公開初日に	on the opening day	60	
(…を)後悔する	regret ...	20	
(…に)合格する	pass ...	87	
高価な、高い	expensive	27, 44	
豪華な	gorgeous	111	
高級な	expensive	98	
高所	height	126	
興奮	excitement	88	
興奮した、歓喜した	excited	18	
興奮する	get excited	46	
コート	coat	44	
コーヒーを飲む	have some coffee	130	
(…のことを)誤解する	misunderstand ...	128	
誤解を招くような	misleading	84	
故郷に帰る	go back to *one's* hometown	42	
故郷に帰る	return to *one's* hometown	62	
故郷の…	... back home	133	
(…に)小言を言う	nag ...	72	
個人的な質問をする	ask a private question	120	
小遣い	allowance	147	
こってりした	heavy	84	
子どもが生まれる	have a baby	64	
子どもたちの話にもっと耳を傾ける	listen more to *one's* children	68	
子どもたちを叱る	scold *one's* kids	66	
子どもの授業参観に行く	visit *one's* child's school	112	
(…)後に	in ...	64, 65	
子猫の引き取り手を見つける	find a home for a kitten	90	

細かいことにこだわる	fussy	148	
ごみを出す	take out the trash	40	
ごみを分別する	separate the garbage	68	
子守をする	baby-sit	58	
(…と)ゴルフをする	play golf with ...	108	
怖い	scary	18, 98	
壊れる	break down	114, 152	
コンサートに行く	be at the concert	124	
コンタクトレンズ	contact lenses	54	
コンディショナー	conditioner	146	
込んでいる	crowded	98	
コンピューターウイルス	computer virus	114	
コンピューターゲームをする	play computer games	72	
今夜	tonight	67	
混乱して	confused	20, 146	

【さ】

最近	these days	117, 149	
サイクリング	cycling	36	
(…の)最高傑作になる	be *someone's* best ever	64	
サイコーな	awesome	86	
最後に会社を出る	leave the office last	44	
菜食主義になる	adopt a vegetarian diet	62	
(…を)探す	look for ...	16	
咲く	bloom	110	
昨夜、昨晩	last night	38, 78	
桜の花	cherry blossoms	33, 110	
(…を)避ける	avoid ...	22	
(…を)支える	support ...	60	
指図される	be told what to do	126	
サッカーの試合	soccer game	108	
作曲をする	compose music	118	
雑誌を購読する	subscribe to a magazine	44	
(…の)雑草を抜く	weed ...	53	
寒い	cold	14, 152	
皿洗いをする	do the dishes	126	
サラダ	salad	34	
(…)さん(女性)	Ms. ...	109	
(…に)参加する	participate in ...	76	
残業する	work late	44	
残業する	work overtime	66, 116	
残念(なこと)	shame	88	
散髪	hair cut	32	
散歩をする	take a walk	130	

【し】

試合	game	112	
試合に勝つ	win a game	90, 122	
ジェットコースターに乗る	ride on roller coasters	126	
塩辛い	salty	100	
紫外線	ultraviolet rays	114	
資格(免許)を取る	get the qualification	60	
歯科検診を受ける	have a dental checkup	78	

時間がある	have time	59、124
時間どおりに来る	come on time	142
時間内に	in time	38
時間に正確な	punctual	22
時間に間に合う	make it on time	106
時間のかかる	time-consuming	144
時間を効率的に使う	use one's time efficiently	118
式典	ceremony	100
刺激的な	stimulating	100
試験の結果	test results	114
試験を受ける	take a test<an exam>	54、116
地獄	hell	96
仕事が忙しい	busy at work	140
仕事で散々な一日を送る	have a rough day at work	146
仕事に行く	go to work	116
仕事に応募する	apply for a job	138
仕事に集中する	focus on one's career	56
仕事に就く、就職が決まる	get a job	106、122
仕事の後(で)	after work	58、110
仕事を変える	change one's job	44
仕事を探す	look for a job	52
仕事を引き受ける	accept a job	74
仕事を休む	take a day off	116
自叙伝を執筆する	write one's autobiography	138
静かな	quiet	121
自宅で	at one's own home	96
実家に行く	go to one's parents' house	54
しっかり勉強する	study hard	68
失業する	lose one's job	24
実際は	actually	93
実践的な	practical	100
(…)し続ける	continue to …	61
失敗をする	make mistakes	150
失礼な	rude	86
自転車	bike	56
自転車で通勤する	cycle to work	60
自動車学校に通う	go to a driving school	62
しばしば	often	149
しばらく	a while	42
しばらくの間	in a while	112
自分専用のパソコンを買う	buy one's own computer	56
自分の目が信じられない	can't believe one's eyes	38
司法試験を受ける	take the bar exam	62
脂肪分の多い食べ物	fatty food	70
字幕なしで映画を見る	watch movies without subtitles	118
しまった！	Darn!	41
しまった！	Shoot!	79
閉まっている	closed	94
ジムに通う	go to the gym	116
ジムの会員資格を更新する	renew one's gym membership	26
締め切りを守る	meet the deadline	132
じめじめした	humid	14
地元の	local	108
社交的な	sociable	22
(…の) 謝罪を受け入れる	accept someone's apology	72

しゃっくりが止められない	can't get rid of one's hiccups	152
ジャンクフード	junk food	22
(…を)獣医に連れて行く	take … to the vet	68
就職する	start working	24
(…を)習得する	master …	52、56
10年	decade	24
(…と)十分な時間を過ごす	spend enough time with …	128
(…を)修理する	fix …	16
授業を欠席する	miss a class	78
授業を休む	skip a class	116
(…の)宿題を手伝う	help … with someone's homework	120
手術を受ける	have surgery	62
10キロ走る	run 10 kilometers	118
出社する	come to the office	78、150
(…に)出席する	attend …	44
出費を抑える	cut down on one's spending	66
上機嫌で	in a good mood	141
衝撃的な	shocking	84
衝撃的な	sensational	100
上司	boss	38、90
昇進する	get promoted	90
上手に歌う	sing well	118
(…を)招待する	invite …	128
(…を〜に)招待する	invite … to 〜	113
(…を)上達させる	improve …	139
上出来の	successful	100
将来	future	114
賞を受賞する	win the award	92
賞を取る	win the prize	90
ジョギング	jogging	36
職場の人たちと飲む	have a drink with people at work	42
食物アレルギーがある	have food allergies	142
食料品	groceries	32
(…の)助言に従う	take someone's advice	128
助言を求める	ask … for some advice	70
初心者	beginner	20
ショックを受けている	shocked	20
ショッピングモール	mall	58、124
書店、本屋	bookstore	22
ジョニー・デップの新しい映画を見る	see Johnny Depp's new movie	90
(…を)処分する	get rid of …	60
知らない人に話し掛ける	talk to a stranger	96
歯列矯正をする	have one's teeth straightened	55
城	castle	96
新居	new place	108
(…の)新曲	someone's new song	112
神経が高ぶっている	nervous	144
(…に)真実を話す	tell … the truth	106
信じられない	unbelievable	84
親切な	nice	86
新鮮な	fresh	101
慎重に	carefully	66
新年会	New Year's party	108
心配し過ぎる	worry too much	72、148
心配している	anxious	144

新聞	newspaper	152
深夜過ぎに	after midnight	44
深夜に	late at night	121
(…を)信用する	trust ...	60

【す】

ずいぶん長い時間	quite some time	24
数学	mathematics	126
数カ月	months	42
数字に強い	good at figures	140
図々しさ	nerve	88
スーツを着る	wear a suit	116
数年	years	42
スーパー	supermarket	32、94
スーパー、食料雑貨品店	grocery store	99
スカート	skirt	152
スキーに行く	go skiing	22、23
スキューバダイビング	scuba diving	36
スケジュールについていく	keep up with the schedule	66
少し	a bit	63
涼しい	cool	14
涼しくなる	get cooler	122
ずっと…する	keep ...-ing	77
ストレス	stress	71
スノータイヤ	snow tire	73
スノーボード	snowboarding	36
スパゲティ	spaghetti	34
素晴らしい	wonderful	84
素晴らしい	fantastic	84
スピード違反	speeding	129
(車の)スピードを出し過ぎる	drive too fast	70
スペインの、スペイン語	Spanish	34、124
すべてがうまくいく	everything goes well	90
スポーツ愛好家	athlete	20
スポーツジム	gym	32
スポーツ選手	athlete	144
(…に)住む	live in ...	22

【せ】

性格	personality	140
請求書	bill	92
盛況の	crowded	98
成功を収めた	successful	89
誠実な	honest	144
成績	grades	94
晴天の	sunny	14、90
清涼飲料水	soft drink	36
セーター	sweater	94
責任、落ち度	fault	129
せきをする	cough	20
せきをする	have a cough	123
せっかちな	impatient	144
(…に)接近する	approach ...	16

接待ゴルフをする	play golf with *one*'s clients	76
絶対にあきらめない	never give up	60
説得力のある	convincing	100
(…を)責める	blame ...	78
(自分自身を)責める	blame *oneself*	120
先日	the other day	79
洗車をする	wash *one*'s car	150、151
洗濯乾燥機	washer-dryer	26、27
洗濯機	washing machine	152
洗濯物を畳む	fold the laundry	76
洗濯を片付ける	finish the laundry	60
洗濯をする	do the laundry	52、58
洗練された	sophisticated	98

【そ】

騒音	noise	92
造花	artificial flower	96
(…を)掃除する	clean ...	45
騒々しい	loud	98
(…の)相談に乗る	listen to *one*'s problem	128
率直に物を言う	talk straight	118
(…を)そっとしておく	leave ... alone	120
外(屋外)で	outside	122
祖母	grandmother	32
空の旅	air travel	140
(…を)尊敬する	admire ...	89

【た】

体育	P.E. (physical education)	126
ダイエット法を試す	try a weight-loss method	62
ダイエットをする	go on a diet	24、63
大音量で音楽を聞く	listen to loud music	130
大学に進学する	go on to college	54
大学を辞める	quit college	16
大規模な	large-scale	100
退屈して	bored	146
体験	experience	88
大事なサッカーの試合	big soccer game	38
退社する	leave *one*'s job	138
大食漢	big eater	20
退職後の備えを始める	start saving for retirement	74
タイの	Thai	36
大ヒットする	become a smash hit	86
(…の)タイプ(好み)	*someone*'s type	140
(…の)大ファン	big fan of ...	20
台風	typhoon	16、114
大変	tough	144
タイミングが良くない	the timing isn't right	140
ダイヤモンド	diamond	96
台湾	Taiwan	52
(値段が)高い	high	152
だから	so	41
宝くじを当てる	win a lottery	16

宝くじを買う	buy lottery tickets	62
滝	waterfall	96
たくさん食べる	eat much	78
たくさんの	a lot of ...	146
タクシーで行く	take a taxi	44
タクシーで帰宅する	come home by taxi	66
宅配ピザ	home-delivered pizza	34
(…の)助けを必要とする	need *someone*'s help	142
正しい	right	140
(…に)立ち聞きする	overhear ...	46
立ち寄る	drop in	59
立ち寄る	stop by	115
他人におせっかいを焼く	meddle in the affairs of others	46
(…を)楽しむ	enjoy ...	122, 140
たばこの本数を減らす	cut down on cigarettes	70
ダブルブッキングする	double-book *oneself*	69
食べ過ぎる	eat too much	44
多忙な	busy	22
たまには	once in a while	117
(…を)試しに着てみる	try on ...	63
ためになる	instructive	100
頼りになる	reliable	86
短時間の	brief	100
(…の)誕生パーティーに出席する	attend *someone*'s birthday party	54
(…の)誕生日を覚えている	remember *someone*'s birthday	106
短パンをはく	wear shorts	148

【ち】

小さなことを気に病む	worry about a small thing	74
近くに	nearby	106
近くに住む	live closer	124
地球温暖化	global warming	114
チケットを買う	buy a ticket	78
チケットを手に入れる	get a ticket	122
地図を読む	read maps	126
父の仕事を継ぐ	take over *one*'s father's business	62
チャートの1位になる	be top of the charts	64
(…に)注意を払う	pay attention to ...	56
昼食	lunch	34
注文した品物	order	112
長期休暇を取る	take a long vacation	116
(機械などの)調子が狂う	act up	131
朝食	breakfast	34
朝食に	for breakfast	35
朝食を抜く	skip breakfast	70
調理師免許を取る	get a cooking license	54
(もっと)貯金をする	save more money	78

【つ】

通訳	interpreter	60
疲れきっている	exhausted	20
疲れている	tired	18, 146
(…に)付き合って家にいる	keep ... company at home	76

(…と)付き合っている	be going out with ...	140
付き合っている人がいる	be seeing someone	132
次のオリンピック	the next Olympics	110
作られた、架空の	made-up	96
つまらない	boring	84
梅雨	rainy season	110
釣り	fishing	36
(…を〜に)連れて行く	take ... to 〜	58, 77

【て】

DVDレンタル店	DVD rental store	32
DVDを借りる	rent a DVD	52
DVDを見る	watch DVDs	56
ティーンエージャー	teenager	152
定期健診	regular checkup	32
定食	meal set	34
デート	date	112
出掛ける	go out	38, 56
手紙を出す(投函する)	mail a letter	40
出来事をすぐに報告する	report an incident immediately	38
手頃な	reasonable	98
デザート	dessert	18
デジタルカメラ	digital camera	138
(…の)手伝いを買って出る	volunteer to help ...	128
鉄道の旅	train journey	108
徹夜する	stay up all night	44
手間	hassle	88
手間が掛かる	troublesome	18
寺巡りをする	travel to the temples	112
テレビに出演している	on TV	89
テレビ番組	TV program	18
テレビを見ながら	while watching TV	76
テレビを見る	watch TV	44, 76
店員	clerk	86
店員の態度	salesclerk's attitude	94
天気	weather	142
天気が良くなる	brighten up	14
天国	heaven	96
(…に)伝言を残す	leave a message for ...	142
電子辞書	electronic dictionary	26, 36
電車で行く	go by train	74
電車に乗る	get on a train	60
電車の切符	train ticket	94
天職	vocation	61
転職する	change jobs	142
(ピカソの)展覧会を見に行く	go to see the Picasso exhibition	60
(…に)電話する	call ...	40, 64
(…に)電話番号を教える	give ... *one*'s phone number	78

【と】

(…に)問い合わせる	contact ...	66
ドイツの	German	36
陶芸	pottery	116

日本語	英語	ページ
（…に）同情する	feel sorry for ...	46
同窓会	reunion	109
到着する	arrive	64
動物園	zoo	58
動物好き	animal lover	132
同僚	co-worker	43
同僚	colleague	86
独身の	single	124
特売で	at a sale	79
特別な	special	100
どこかで	somewhere	142
登山をする	climb a mountain	42
図書館で	at the library	92
図書館の本を返却する	return the library books	40
とてもたくさんのこと	so much	125
（…が）届く	receive ...	112
とどまる	stay	133
（…に）飛び付く	jump at ...	152
ドライブする	go for a drive	143
ドライブで遠出する	go for a long drive	58
ドラッグストア	drugstore	32
努力する	try	57
トンネルの中を歩く	walk through a tunnel	96
丼、鉢	bowl	101

【な】

日本語	英語	ページ
長い間	a long time	24
長い会議	long meeting	126
長い時間待つ	wait so long	152
仲直りする	make friends again	140
泣く	cry	130
なくした財布を見つける	find one's lost wallet	90
（…を）なくす	lose ...	94、128
夏休み	summer vacation	108
何か新しいことに挑戦する	challenge something new	138
何か新しいことを始める	start something new	130
何かいいこと	something nice	140
何かおいしいものを作る	cook something delicious	56
何か良いことが起きる	something good will happen	132
何か悪いことが起こる	something bad will happen	132
何か悪いことを言う	say something wrong	146
何か悪いものを食べる	eat something bad	146
並外れた	extraordinary	84
（…を）習う	learn ...	62
（…に）なる	become ...	60、138
何時間も	for hours	72
（…を）何度も読み返す	read ... over and over	46

【に】

日本語	英語	ページ
ニキビをつぶす	pop one's pimples	72
肉	meat	126
逃げる	run away	24
日記を書く	write in one's diary	60

日本語	英語	ページ
二度見する	do a double take	46
荷物を受け取る	pick up one's package	68
入院する・している	be hospitalized	16
（1週間）入院する	be in the hospital for a week	64
入学試験に合格する	pass the entrance exam	60
（…に）ニュースを教える	tell ... the news	56
ニュースを聞く	hear the news	90
乳製品	dairy product	22
庭	garden	53
庭仕事をする	do some yardwork	58
庭の草むしりをする	weed one's garden	52
人気の	popular	64、100
妊娠している	pregnant	16
忍耐強い	patient	144

【ぬ】

日本語	英語	ページ
縫い物をする	sew	126
（…を）塗る	put ... on	40

【ね】

日本語	英語	ページ
値段	price	92
熱意	enthusiasm	88
ネックレス	necklace	38、107
熱っぽい	feverish	20
寝坊する	oversleep	114
眠たい	sleepy	146
寝る前に食べる	eat before bedtime	72
年齢より幼く見える	look younger than one's age	146

【の】

日本語	英語	ページ
ノーと言う	say "no"	118
ノート型パソコン	laptop computer	74
（…を）除けば	aside from ...	75
（…に）登る	climb ...	52
（お酒を）飲み過ぎる	drink too much	44
（コーヒーを）飲み過ぎる	have too much coffee	72
飲みに行く	go out for a drink	116
のんきに構える	take things easy	118
のんびりする	take it easy	116

【は】

日本語	英語	ページ
パーティーで	at a party	93
パーティーの写真	pictures from a party	110
パーティーをする	have a party	96
バーベキュー	BBQ、barbecue	34、110
パーマをかけている	have permed hair	22
バイキング	buffet meal	34
ハイキングに行く	go hiking	116
歯医者	dentist	32
歯医者に行く	go to the dentist	76
歯医者の予約を入れる	make a dental appointment	40

日本語	English	Page
(…を)励ます	encourage ...	72
恥	embarrassment	88
(…を)始める	take up ...	62
(…の)場所を作る	make room for ...	60
恥ずかしい	embarrassing	84
恥ずかしい思いをする	be embarrassed	127
肌寒い	chilly	14
(…で)働く	work at ...	22
(…に)はっきり言う	tell ... straight	74、75
発売される	come out	64
発表	announcement	94
パトカー	police car	92
(…に)話し掛ける	talk to ...	18
(…と)話す	speak with ...	72
(…と)話す	talk with ...	126
花見に行く	go cherry blossom viewing	116
パニック状態の	panicked	146
歯の治療を受ける	get the dental treatment	62
早起きをする	get up early	66、126
早く	soon	123
早く帰宅する	get home early	124
早く寝る	go to bed early	70
(…を)払う	pay ...	26
(自分に)腹が立つ	feel mad at *oneself*	46
腹の中で笑う	laugh to *oneself*	46
(…に)腹を立てている	be angry at ...	132
(…に)腹を立てる	get angry with ...	128
バランスの取れた食事をする	eat a balanced diet	66
バリバリ働く	work energetically	118
パレード	parade	96
晴れる	clear up	142
半額で	50 percent off	106
半額の	half-price	79
番組を放送する	air a show	152
(…に)反対する	object to ...	46
半年	half a year	42
ハンドバッグ	purse	79
パン屋	bakery	86

【ひ】

日本語	English	Page
ピアノのレッスンを受ける	take piano lessons	138
(…に向けて)ピアノの練習をする	practice *one's* piano for ...	70
ピアノを習う	learn the piano	54
ピーマン	bell pepper	127
ビール	beer	36
日帰りで旅行をする	go on a day trip	58
悲観的な	pessimistic	22
ピクニックを企画する	organize a picnic	64
悲劇	tragedy	88
ひげをそり落とす	shave off *one's* beard	72
飛行機代	airfare	26
飛行機で	by air	26
飛行機で旅行する	travel by air	116
飛行機に乗る	fly	126

日本語	English	Page
ピザの宅配を頼む	order delivery pizza	44
(…に)引っ越してくる	move in ...	16、17
(…の)引っ越しを手伝う	help ... move	76
引っ越す	move	52
引っ越す	move out	54
(…へ)引っ越す	move to ...	120
ひどい	terrible	84、123
(より)ひどい	worse	98
ひどいことを言う	say a terrible thing	128
人に優しくする	be nice to others	120
一晩中	all night long	56
人前で話をする	talk in front of people	126
一人暮らしをする	live alone	54、114
一人暮らしをする	live on *one's* own	112
一人で海外旅行をする	travel abroad by *oneself*	118
独りぼっちの	alone	122
皮肉	irony	88
批判的な	critical	144
(…の)秘密を知る	find out *someone's* secret	92
日焼けする	get suntanned	41
日焼け止め	sunscreen	40、41
日焼け止めを塗る	put sunscreen on	40、41
費用がかかる	costly	144
美容院	hair salon	32
病院	hospital	32
病欠の連絡をする	call in sick	58
評判がいい	have a good reputation	16
昼寝をする	take a nap	130
昼まで寝る	sleep till noon	44

【ふ】

日本語	English	Page
ファストフード	fast food	34
プール	swimming pool	36、110
不機嫌な	cranky	152
副業を始める	start a second job	138
複雑な	complex	84
復職する、職場復帰する	go back<return> to work	24、110
服装	outfit	88
無事出産する	have a safe delivery	90
部署	department	24
不精な	lazy	22
布団を干す	air the futon	58
冬物セール	winter sale	32
冬物をしまう	put away *one's* winter clothes	68
フライトの確認をする	confirm *one's* flight	40
プラズマテレビ	plasma TV	26
フランスの	French	36
ブランチ	brunch	34
フリーマーケットに行く	go to a flea market	64
(…を)振る	dump ...	150
フルコースディナー	full-course dinner	34
プレゼント	gift	142
(…に)プレゼントを送る	send ... a present	54
プレゼントをもらう	receive a present	92

187

日本語	English	ページ
プレゼンをする	make a presentation	116
ブログを更新する	update one's blog	40
風呂掃除をする	clean the bath tub	116
風呂にゆっくりつかる	lounge in the tub	130
(…の)プロポーズを受ける	accept someone's marriage proposal	138
(…の)プロポーズを断る	refuse someone's marriage proposal	138
分割で支払う	make payment on an installment plan	126

【へ】

日本語	English	ページ
平静を保つ	stay calm	66
平凡な	ordinary	84
別の仕事を始める	start another job	54
部屋の掃除をする	clean one's room	56, 78
返金してもらう	get a refund	142
弁護士	lawyer	144
返事をする	reply	128
弁当を持っていく	take one's lunch	40

【ほ】

日本語	English	ページ
(…する)方法	a way to …	71
暴力的な	violent	18
ボウリングへ行く	go bowling	42、43
(…に向かって)ほえる	bark at …	92
ボーナスがたくさん出る	get a big bonus	122
ボーナスを貯金する	put one's bonus in the bank	62
ホームシアターを作る	set up a home theater system	138
ホームステイをする	go on a homestay	52
ホームページを始める	start one's own website	138
ボクササイズ	boxercise	59
ポテトチップ1袋	a bag of potato chips	34
ホテルを予約する	make a hotel reservation	66
骨の折れる	tiring	84
骨の折れる	painstaking	144
ほぼ	nearly	42
ほほえましい	heartwarming	84
(…の〜を)褒める	compliment … on 〜	90
ホラー映画	horror movie	126
ボランティア活動に参加する	try some volunteer work	138
(…)本人に会う	see … in person	124
本の虫、読書家	bookworm	20
本物のゴッホ作品	real work by Van Gogh	112
翻訳家	translator	57

【ま】

日本語	English	ページ
まあ、ああ	well	79
(…の)前で	in front of …	74
枕	pillow	110
まじめな	serious	144
まずい	bad	100
(…に)また会う	see … again	90
また学校に通う	go back to school	138
間違いを指摘する	point out the mistake	46

日本語	English	ページ
(…を〜と)間違える	mistake … for 〜	142
町を離れる	go out of town	52
(…を)待つ	wait for …	20
(もう少し)待つ	wait a little longer	78
マッサージチェア	massage chair	36
祭り	festival	108
(…の話を)真に受ける	take … seriously	72
魔法	magic	96
まもなく	soon	64
マラソン大会に出る	participate in a marathon	62
丸1年	a full year	42
満員電車	crowded train	126
マンション	condominium	16
満足している	satisfied	144
満腹で	full	18

【み】

日本語	English	ページ
身勝手に振る舞う	act selfishly	128
見込みがある	promising	144
短い	short	98
みじめな	miserable	84
水着	swimsuit	63
(…に〜を)見せる	show … 〜	56
道に迷う	get lost	97, 146
道の込み具合	traffic	114
道を尋ねる	ask for directions	126
ミュージカル	musical	85
魅力的な	attractive	124
身を固める	settle down	138

【む】

日本語	English	ページ
(…を)迎えに行く	pick … up	64, 66
虫	bug	126
蒸し暑い	muggy	14
虫歯がある	have a cavity	114
難しい	hard	100
息子	son	72
娘	daughter	72
無駄	waste	88
無駄遣いをする	spend too much money	128
無理をする	push oneself too hard	70

【め】

日本語	English	ページ
姪	niece	112
名案	great idea	88
迷路	maze	96, 97
眼鏡を買う	get a pair of glasses	72
眼鏡を掛けている	wear glasses	22
眼鏡を…に替える	replace one's glasses with …	54
メキシコの	Mexican	34
目覚まし時計をセットする	set the alarm clock	40
目を休ませる	give one's eyes a rest	70

面接	interview	122
面倒	bother	88

【も】

申し出を断る	turn down the offer	128
もっと仕事を頑張る	work harder	56
もっと早く	earlier	78
もっと野菜を食べる	eat more vegetables	72
もっと良い仕事を見つける	find a better job	68
物事の明るい面に目を向ける	look at the bright side of things	120
物足りない	not enough	35
(…に)文句ばかり言う	always complain at ...	150
文句を言うのをやめる	stop complaining	66
問題を抱える	have some trouble	114
(…と)問題を話し合う	discuss a problem with ...	74

【や】

野外フェスティバル	outdoor festival	112
野球ファン	baseball fan	20
夜勤をする	work (on) the night shift	116
約束	appointment	58、69
約束をキャンセルする	cancel the appointment	58、128
役立つ	helpful	100
易しい	easy	84
優しさ	kindness	92
休み	a day off	26
やせる	lose weight	60
家賃	rent	26
(…に)八つ当たりする	take it out on ...	120
薬局	pharmacy	106
やった！	Yes!	43
やりがいのある、得るところのある	rewarding	84
やりがいのある、挑戦しがいのある	challenging	144

【ゆ】

遊園地	amusement park	77
優柔不断な	wishy-washy	148
夕食後にコーヒーを飲む	have coffee after dinner	78
夕食に来る	come over for dinner	94
夕食を作る	cook dinner	18
夕食を作る	fix dinner	64
夕食を作る	make dinner	120
友人が遊びに来る	have one's friends over	108
郵便局	post office	68
裕福な	rich	16
有名人	celebrity	144
ユーモアのセンスがある	have a good sense of humor	86
雪が降る	snow	14、148
夢をあきらめる	give up on one's dream	74
(…を)許す	forgive ...	120、142

【よ】

(…の)様子が変だ	something is wrong with ...	132
様子を思い浮かべる	picture it	46
(…の)様子を見る	check on ...	115
(…の)ようなもの	sort of ...	129
ヨーグルト	yogurt	35
ヨガ	yoga	36
(体調・病状が)良くなる	get better	86、106
よく眠る	sleep well<better>	38、122
横になる	lie down	130
夜更かしをする	stay up late (at night)	22、78
夜遅い時間に食べる	eat late at night	74
夜型(人間)	night person	121
喜んでいる	pleased	144

【ら】

雷雨	thunderstorm	86
来年	next year	132
(…)らしくない	not someone's style	140
楽観的な	optimistic	22
(…を)ランチに誘う	ask ... out to lunch	58

【り】

理解がある	understanding	144
リサイタル	recital	70
(…を)リストに載せる	put ... on the list	74
理髪店へ行く	go to a barber	26
留学する	study abroad	54
料金	charge	92
両親の近くに住む	live closer to one's parents	74
料理	food	132
料理	cooking	98
料理がうまい	cook well	118
(…の)料理が口に合う	like someone's cooking	148
料理をする	cook	126、130
(…の)料理を手伝う	help ... cook	76
旅行	trip	112、122
旅行会社、旅行代理店	travel agent	66
旅行に出掛ける	leave on a trip	52
旅行をする	take a trip	26
旅行を取りやめる	cancel the trip	74
リラックスする	relax	71
(企業に)履歴書を送る	submit one's résumé to a company	76
隣人	neighbor	17

【る】

(…と)ルームシェアをする	share a room with ...	112
ルームメイト	roommate	16

189

【れ】

冷蔵庫を買い替える	replace one's old refrigerator	76
礼を言う	say thank you	94
レシピ、作り方	recipe	39
レストランの予約をする	make a restaurant reservation	68
レポートを書く	write a report	78
レポートを提出する	hand in the papers	66
連続ドラマ	drama series	112
(…から)連絡をもらう	hear from …	42, 90

【ろ】

老後	one's old age	114
朗報をもたらす	bring good news	38
ローンを支払う	make a loan payment	26

【わ】

ワイン	wine	36
若い	young	124
(…の)若いときの写真	pictures from someone's youth	92
若く見える	look younger	93
(恋人と)別れる	break up with …	16
ワクワクしている	thrilled	20
ワクワクする	exciting	84
(…を〜の中に)忘れてくる	leave … in 〜	146
(…を)忘れる	forget …	146
話題を持ち出す	bring up the subject	74
(…のことを)笑う	laugh at …	150
ワンピース	dress	56

おわりに

いかがでしたか？

最初は難しいと感じたかもしれませんが、

毎日書き続けるうちにコツがつかめてきたのではないでしょうか？

完璧な英語で書かなくちゃ、と気負う必要はありません。

稚拙な文でも文法的なミスがあっても、とにかく、その時の英語力で書いておけばよいのです。

なぜなら、後に過去の日記を読み返したとき、自分自身の英語の成長ぶりがより顕著に表れるからです。

日記を書くことで英語のアンテナが"敏感"になり、こなれた表現や使える文法をキャッチしやすくなります。

そうして得た知識を日記に生かすことで、次第に英語力がついていくのです。

努力は裏切らない ── いつか大きな力につながっていくことを信じて、

英語日記を続けてくださいね。

Perseverance pays off. 「継続は力なり」

石原真弓

石原真弓（Ishihara Mayumi）……… 英語学習スタイリスト

　高校卒業後、米国留学。コミュニティカレッジ卒業後、通訳に従事。帰国後は、英会話を教える傍ら、執筆やメディア出演、スピーチコンテスト審査員、講演などで幅広く活躍。英語日記や英語手帳、英語ツイッターなど、身のまわりのことを英語で発信する学習法を提案し続ける。
　主な著書に、『英語日記パーフェクト表現辞典』（学研教育出版）、『英語で手帳をつけてみる』（ベレ出版）、『石原真弓の大人のためのゆっくり学ぶ英語教室』（小学館）、「中学英語で読むディズニー」シリーズ、「ディズニーの英語」シリーズ（以上、KADOKAWA）など。中国語や韓国語に翻訳された著書も多数。

English Diary Drills [Complete Edition]

英語日記ドリル Complete

発行日	2011年11月28日（初版）
	2021年6月14日（第10刷）

著者	石原真弓
編集	株式会社アルク 出版編集部
英文校正	Peter Branscombe ／ Owen Schaefer
アートディレクション	直井忠英
デザイン	相原アツシ（ナオイデザイン室）
表紙・本文イラスト	添田あき
DTP	朝日メディアインターナショナル株式会社
印刷・製本	凸版印刷株式会社
発行者	天野智之
発行所	株式会社アルク
	〒102-0073　東京都千代田区九段北4-2-6 市ヶ谷ビル
	Website　https://www.alc.co.jp/

落丁本、乱丁本は弊社にてお取り替えいたしております。
Webお問い合わせフォームにてご連絡ください。
https://www.alc.co.jp/inquiry/
本書の全部または一部の無断転載を禁じます。
著作権法上で認められた場合を除いて、本書からのコピーを禁じます。
製品サポート：https://www.alc.co.jp/usersupport/

© 2011 Mayumi Ishihara/ALC PRESS INC.
"studio and"/ Aki Soeda
Printed in Japan.
PC 7011089
ISBN 978-4-7574-2041-0

地球人ネットワークを創る
アルクのシンボル
「地球人マーク」です。